오십에 읽는
노자 도덕경

오십에 읽는 노자 도덕경

인생 2막을 지혜와 비움의 삶으로 시작하는 깊은 깨달음

팬덤북스

진실은 아름답게 꾸미지 않는다

노자老子BC 6세기경는 도가의 창시자이자 학자입니다. 사마천의 《사기史記》〈노자한비열전〉에 의하면, 노자는 초나라 사람으로 성은 이李 씨, 이름은 이耳, 호는 담聃입니다. 그는 주나라 장서 사관으로 지금 으로 보자면 왕실도서관장이라고 할 수 있습니다. 하지만 다른 학설 에 의하면, 노씨 성을 가진 사람이라고 말하기도 합니다. 2,500년 전 의 역사를 지금에 와서 어느 쪽이 더 정확하다고 말할 수는 없겠지 만, 노자가 존재했던 것만은 사실이라는 데는 이의가 없는 것은 분 명합니다.

《도덕경道德經》의 저자는 주나라 왕실도서관장이었던 노담老聃이 라고도 합니다. 한편 다른 학자들에 의하면, 한 사람이 쓴 것이 아니 라 여러 차례에 걸쳐서 새롭게 편집된 흔적이 있다고 주장하는 학 설도 있습니다. 하지만 사마천의 주장에 의하면 《도덕경》은 노자가 단독으로 쓴 책이라고 말하고 있습니다. 그것은 이 책에서만 볼 수 있는 문체나 어법이 일관되게 보이고 있다는 점에서 설득력을 지닙 니다.

이런 학설이 무엇이 그리 중요할 것인가를 당연히 생각하겠지만,

보다 더 중요한 것은 이 책이 시대를 초월하여 현대를 살아가는 사람들에게 무엇을 말하고, 어떤 삶을 살아야 하는지에 대해 고민하고 생각하게 하는 것이라고 할 수 있습니다.

《도덕경》은 기원전 4세기에 발간되었으며, 5,000자에 총 81장으로 구성되었습니다. 상편 37장을 〈도경〉이라 하고, 하편 44장은 〈덕경〉이라고 합니다. 이 책을 쓴 저자로서 말하는 것은 《도덕경》을 한 사람이 썼던, 여러 시대에 걸쳐 새롭게 편집되었던 것보다 중요한 것은 《도덕경》의 가르침에 있고, 그 가르침의 요지가 무엇이냐는 것에 의의가 있다고 하겠습니다.

그런 까닭에 성인은 억지로 일을 처리하지 않고 말없이 가르침을 행한다.

모든 일이 생겨나도 말하지 않고, 생겨나게 하고도 소유하지 않는다.

무엇을 해도 드러내지 않으며, 공을 세우고도 거기에 기대지 않는다.

머물고자 하지 않으므로, 이룬 일이 허사로 돌아가지 않는다.

是以聖人 處無爲之事 行不言之敎 萬物作焉而不辭 生而不有

爲而不恃 功成而弗居 夫唯弗居 是以不去

시이성인 처무위지사 행불언지교 만물작언이불사 생이불유

위이불시 공성이불거 부유불거 시이불거

이는 《도덕경》 제2장에 나오는 말로, 이 말의 요지는 '성인은 억지로 일을 처리하지 않고, 말없이 가르침을 행한다는 것은 곧 무위無爲를 따르는 것이기에 무슨 일이든 억지로 하지 않는다.'는 것입니다. 또한 그런 까닭에 '이룬 일이 허사로 돌아가지 않는다.'는 것입니다.

노자가 《도덕경》에서 일관되게 말하는 핵심사상철학의 주체는 도道이며, 도를 실천하는 것이 곧 무위자연無爲自然입니다. 무위는 '도는 언제나 아무것도 하는 일이 없지만, 하지 않는 일이 없다.'이고, 자연은 '하늘은 도를 본받고, 도는 자연을 본받는다.'는 의미입니다. 이는 거짓됨과, 인위적인 것으로부터 벗어나는 것을 뜻합니다.

무위는 인위人爲를 가하지 않아 자연 그대로를 받아들이고 따르다보니 어긋남이 없지만, 인위는 생각을 더하고 힘을 가하여 작위적으로 하는 까닭에 억지스러움이 있으며, 거짓됨이 따르게 되어 본래의 것에서 어긋남이 있게 되는 것입니다.

인간은 살아가면서 지금보다 더 나은 삶을 살기 위해 끝없이 새로운 것을 탐구하고, 편리함을 추구합니다. 그러다보나 자연을 파괴하고, 인간의 본질을 훼손하고 법을 어기는 일도 서슴지 않습니다. 이런 일이 생기는 것은 '탐욕'이 작용하기 때문이지요. 탐욕은 무위를 탐탁하지 않게 여깁니다. 하지만 인위는 좋아합니다. 인위는 하고 싶은 것은 그것이 무엇이라도 맘대로 할 수 있기 때문이며, 그런 까닭에 인간은 탐욕에 집착하게 되는 것입니다. 그러다보니 점점 더 진실로부터 멀어지게 되는 부작용을 낳게 되는 것이지요.

이러한 인간의 습성을 2,500년 전에 간파했던 노자는 무슨 일이든 억지로 하는 것은 자연스럽지 못하고, 도에서 벗어나는 일이라고 주장하였던 것입니다. 그리고 도에서 벗어나면 허위에 빠져 진실을 왜곡하고 거짓을 아름답게 포장하여 진실로 삼는다고 하였습니다.

이에 대해 노자는 《도덕경》 제81장에서 '신언불미 미언불신信言不美 美言不信'이라고 말했습니다. 이는 '믿음직스러운 말은 아름답지 않고, 아름다운 말은 믿음이 없다.'는 뜻입니다.

그런데 '믿음직스러운 말은 아름답지 않고, 아름다운 말은 믿음이 없다.'라는 노자의 말을 보면, 모순이 있다는 생각이 들 겁니다. 믿음직스러운 말은 아름답지 않고, 아름다운 말이 믿음이 없다니? 이게 대체 무슨 말이지? 이런 생각이 드는 것은 당연하니까요.

일반적인 관점에서 본다면, 믿음직스러운 말은 신뢰를 주기에 부족함이 없고, 그러기에 당연히 아름답다고 할 수 있지요. 그런 까닭에 아름다운 말에 믿음이 가는 건 당연합니다. 하지만 노자는 이를 반대로 말하니, 모순이 있다는 생각이 드는 것은 당연한 것입니다.

그렇다면 노자가 이리 말한 까닭은 무엇일까요? 믿음직스럽게 말을 하다보면, 상대방에게 잘 보이기 위해 없는 말도 하게 되고 상대방이 듣기 좋게 미사여구를 쓰는 등 말을 꾸미게 되지요. 노자는 이를 인위로 보는 것입니다. 그런 까닭에 남에게 믿음을 주고 잘 보이기 위해 꾸며 쓰는 말은 아름답지 않으며, 아름다운 말 또한 믿음이 가지 않는다고 하는 것입니다.

사람들 중에는 있는 말 없는 말 다 동원해서 상대방의 환심을 사려는 사람들이 있습니다. 그들의 말은 마치 참기름을 바른 듯 매끄럽고 달콤한 솜사탕 같아 상대방의 마음을 빼앗아 버리지요.

그런데 문제는 그렇게 해서 상대방의 마음을 산 후 그들이 하는 행동을 보면 말과는 거리가 먼 것을 종종 보게 됩니다. 말과 행동이 일치가 되지 않는 것입니다. 그저 자신의 목적을 위해 그렇게 했다는 것이 그대로 드러나는 것입니다. 그러니 이런 말을 어떻게 믿음이 간다고 말 할 수 있으며, 아름답고 진실하다고 할 수 있을까요.

◇◇◇

믿음직스러운 말은 아름답지 않고, 아름다운 말은 믿음이 없다.

선한 사람은 말을 잘하지 못하고, 말을 잘하는 사람은 선하지 않다.

지혜로운 사람은 박식하지 않고, 박식한 사람은 지혜롭지 못하다.

성인은 쌓아 두지 않으며, 사람들을 위해 뭐든지 함으로써

자신이 더욱 많이 가지게 되고, 사람들을 위해 모두를 주었지만

그럴수록 자신이 더욱 많아지게 된다.

하늘의 도는 이롭게만 할 뿐 해를 끼치지 않고,

성인의 도는 일을 하면서도 싸우지 않는다.

信言不美 美言不信 善者不辯 辯者不善 知者不博 博者不知 聖人不積

旣以爲人 己愈有 旣以與人 己愈多 天之道 利而不害 聖人之道 爲而不爭

신언불미 미언불신 선자불변 변자불선 지자불박 박자부지 성인부적

기이위인 기유유 기이여인 기유다 천지도 이이불해 성인지도 위이부쟁

이는 《도덕경》 제81장 전문全文으로 노자가 왜 진실되게 살아야 하는지를 잘 보여줍니다. 한 마디로 함축해서 말하면, '진실은 아름답게 꾸미지 않는다.'는 것입니다. 《도덕경》 제81장은 노자가 《도덕경》에서 말하고자 하는, 다시 말해 전체를 아우르는 결론적인 문장이라고 할 수 있습니다. 그렇습니다. 진정으로 믿음직스러운 말은 꾸미거나 자신을 드러내기 위해서 하는 말이 아닌, 다소 투박하고, 화려하지 않아도 있는 그대로를 사실대로 하는 말입니다. 이런 말은 거짓이 없기에 아름답고 믿음직스러운 말이라고 할 수 있습니다. 노자가 바라는 말은 바로 이런 말이며, 참되게 삶을 사는 것입니다.

이 책의 특징은 다음과 같습니다.

첫째, 《도덕경》은 총 81장으로 구성되었지만 같은 말, 비슷한 내용이 곳곳에 중복적으로 쓰여 있습니다. 그래서 같은 말이나 내용을 한 꼭지로 구성하여 독자들이 한 눈에 읽고 이해하는 데 도움이 되도록 했습니다.

둘째, 꼭지 내용에 맞는 다양한 예화를 넣어 읽는 데 지루하지 않게 했으며, 예화를 통해 현실적으로 적용하는 데 도움이 되게 하였습니다.

셋째, 한자에 음을 달아 읽는 데 불편함이 없게 했으며, 한자를 익히는 데 도움이 되도록 하였습니다.

넷째,《도덕경》의 문장과 내용에 맞는 명언이나 고사성어를 넣어 《도덕경》을 이해하는 데 도움이 되게 했으며, 명언과 고사성어를 익히는 데도 도움이 되게 하였습니다.

다섯째,《도덕경》은 노자의 모순적인 어법과 역설逆說적인 문장으로, 안개에 쌓인 풍경을 보는 듯한 모호함으로 인해, 이해가 잘 되지 않는 점이 있습니다. 이를 저자의 철학과 사상을 바탕으로 씀으로 해서 이해를 높이고자 했습니다. 그러는 과정에서 보는 방향에 따라 약간의 문제가 있을 수도 있겠지만, 이 글이 지니는 본질에는 충실을 기했음을 밝혀두는 바입니다.

《도덕경》은 인간으로서 인간답게 살아가는 데 근본으로 삼아 행해야 할 지침과도 같습니다. 이 책을 읽고 마음의 수양을 쌓는다면 탐욕으로부터 자신을 지켜내는 데 큰 도움이 될 것입니다. 또한 그로인해 인간의 본질을 잃지 않고 순리대로 살아감으로써 보다 진실되고, 보다 행복한 삶을 살아가는 데 도움이 되리라 믿습니다.

이 책을 대하는 모든 분들의 안녕과 행복을 기원합니다.

김옥림

목차

제2부 하편

덕경 | 德經

道經

도경 | 道經

01

깨달음을 얻은 자의 행실

그런 까닭에 성인은 억지로 일을 처리하지 않고 말없이 가르침을 행한다.
모든 일이 생겨나도 말하지 않고, 생겨나게 하고도 소유하지 않는다.
무엇을 해도 드러내지 않으며, 공을 세우고도 거기에 기대지 않는다.
머물고자 하지 않으므로, 이룬 일이 허사로 돌아가지 않는다.

*

是以聖人 處無爲之事 行不言之敎 萬物作焉而不辭 生而不有
爲而不恃 功成而弗居 夫唯弗居 是以不去
시이성인 처무위지사 행불언지교 만물작언이불사 생이불유
위이불시 공성이불거 부유불거 시이불거

도란 무엇인가

노자의 사상의 본질은 '도道'입니다. 노자가 말하는 도는 한 마디로
정의하기가 쉽지 않습니다. 얼핏 보면 하나로 정의할 수 있는 것처럼
보이지만, 읽고 나면 이것이라고 정의하기가 곤란합니다. 마치 신비

한 언술言術처럼 느껴져 '이게 무엇을 말하는 거지?'라는 생각이 드니까요. 그만큼 노자가 말하는 도를 정의하기가 쉽지 않다는 것입니다.

◇◇◇

도라고 말할 수 있는 도는 영원한 도가 아니다.

이름 지을 수 있는 이름은 영원한 이름이 아니다.

이름이 없는 것은 천지의 근원이며,

이름을 붙일 수 있는 것이 만물의 어머니이다.

그런 까닭에 언제나 욕심내지 않으면 그 미묘함을 볼 수 있으며,

언제나 욕심을 내면 그 나타남만을 볼 수 있다.

이 둘은 근원은 같으나 이름이 다르다. 이를 현묘함이라 말한다.

현묘하고 또 현묘하니 모든 미묘한 것이 나오는 문이다.

道可道 非常道 名可名 非常名 無名天地之始 有名萬物之母 故常無 欲以觀其妙

常有 欲以觀其徼 此兩者 同出而異名 同謂之玄 玄之又玄 衆妙之門

도가도 비상도 명가명 비상명 무명천지지시 유명만물지모 고상무 욕이관기묘

상유 욕이관기요 차량자 동출이이명 동위지현 현지우현 중묘지문

이는 《도덕경》 제1장으로 노자가 말하는 도가 무엇인지를 잘 보여줍니다.

그런데 앞에서 말했듯이 도의 정의가 모호합니다. 마치 아침안개에 뒤덮인 나무의 형체가 선명치 않은 것처럼 선명하지 않습니다. 이는 무엇을 말할까요? 그만큼 노자의 사상은 무릉도원의 신선의 말처럼 신비롭다는 것을 알 수 있습니다.

그러나 한 가지 분명한 것은 미묘微妙함 즉, 도를 보기 위해서는 욕심이 없어야 한다는 것입니다. 노자의 말에서 보면, '욕심내지 않으면 그 미묘함을 볼 수 있으며, 언제나 욕심을 내면 그 나타남만을 볼 수 있다.'고 말한 까닭입니다. 욕심이란 무엇인가요? 욕심은 인간에게 본능과도 같은 것이지만, 이것이 지나치면 탐욕이 되고, 탐욕이 지나치면 결국 멸망에 이르게 되는 근원이 되기도 합니다.

"욕심이 잉태한즉 죄를 낳고 죄가 장성한즉 사망을 낳느니라."

이는 신약성경야고보서 1장 15절에 나오는 말씀으로, 욕심이 인간의 삶에 미치는 영향이 얼마나 큰지를 잘 알게 합니다. 이렇듯 욕심이란 인간의 본능이자 경계해야 할 대상인 것입니다. 노자 또한 2,500년 전 '욕심'이 인간에게 얼마나 조심해야 할 본능인지를 간파했다는 것을 알 수 있습니다. 그랬기에 그는 인위를 가하는 일체의 그 어떤 것도 경계해야 함을 주장하였던 것입니다. 이를 잘 알게 하는 것이 도가道家의 중심사상인 '무위자연無爲自然'입니다.

무위자연의 사전적 의미는 '사람의 힘을 더하지 않은 그대로의 자연을 말함', '자연에 맡겨 더없는 행동을 하지 않음'입니다. 이를 한 마디로 함축하면, '인위를 가하지 않아 억지로 하지 않음', 그러니까 사람의 손을 타지 않은 것이라고 할 수 있습니다.

왜 그럴까요? 인위를 가하게 되면 그러는 과정에서 욕심이 생기게 되고, 그 욕심을 쫓다보면 인간의 본질을 잃고 타락의 길에 서게 될 수도 있기 때문입니다. 견물생심見物生心이라고 했습니다. 안 보면 모르는 것도 보게 되면 그것을 갖고 싶게 되는 것이 인간이 지닌 모순이자 한계인 것입니다.

결론적으로 노자는 도를 '모든 미묘한 것이 나오는 문이다.'라고 말합니다. 이처럼 도는 알 듯 말 듯한 뉘앙스를 지닌 말임에는 틀림없다 하겠습니다. 그러나 앞에서 밝힌 바와 같이, '욕심'을 경계하면 노자가 말하는 도가 무엇인지를 어렴풋이나마 느끼게 됨으로써, 삶을 살아가는 데 있어 유익함을 얻을 수 있을 것입니다.

깨달음을 얻은 자의 행실

◇◇◇

그런 까닭에 성인은 억지로 일을 처리하지 않고 말없이 가르침을 행한다.

모든 일이 생겨나도 말하지 않고, 생겨나게 하고도 소유하지 않는다.

무엇을 해도 드러내지 않으며, 공을 세우고도 거기에 기대지 않는다.

머물고자 하지 않으므로, 이룬 일이 허사로 돌아가지 않는다.

是以聖人 處無爲之事 行不言之敎 萬物作焉而不辭 生而不有

爲而不恃 功成而弗居 夫唯弗居 是以不去

시이성인 처무위지사 행불언지교 만물작언이불사 생이불유

위이불시 공성이불거 부유불거 시이불거

이는《도덕경》제2장의 내용으로 삶에서 깨달음을 얻은 사람의 행실에 대해 말합니다. 노자가 말하는 깨달음을 얻은 자 즉 성인聖人은 과연 어떤 사람인가요? 이를 네 가지 관점에서 살펴보기로 하겠습니다.

첫째, 성인은 억지로 일을 처리하지 않고 말없이 가르침을 행합니다. 깨달음을 얻은 자는 일을 처리할 때 억지로 하지 않는다는 것을 알 수 있습니다. '억지로'라는 말은 안 되는 것도 무리를 가해서 또는 강제로 행함을 뜻합니다. 이는 무엇을 말하는가요? 억지로 한다는 것은 인위적인 행위를 말합니다. 인위를 가한다는 것은 잘못을 범할 수 있고, 그렇기 때문에 인간이 지닌 본성에서 벗어날 수 있습니다. 이는 자신에게나 상대에게나 그 누구에게도 상처를 줄 수 있는 여지를 지닙니다. 그러기 때문에 억지로 한다는 것은 옳지 못합니다. 그리고 깨달은 자는 말없이 가르침을 행한다고 했습니다. 이는 말보다는 행동으로 가르침을 준다는 것입니다. 백언불여일행百言不如一行이라, 즉 백 마디 말보다 한 번의 행동이 더 나음을 뜻합니다. 그러니까 깨달음을 얻은 자는 말이 아닌 그 자신의 행동으로써 가르침을 주고, 그 가르침이야말로 참된 가르침이라는 것을 알 수 있습니다.

나무 장사를 하며 제자들을 가르치는 스승이 있었습니다. 그는 산에서 나무를 해서 마을까지 실어 나르느라, 많은 시간을 허비해야만 했습니다. 그는 학문을 연구하는 데 시간이 너무 부족해 당나귀를 한 마리 샀습니다.

"자, 이제 당나귀가 있으니 연구하는 데 많은 시간을 벌 수 있겠군."

그는 이렇게 말하며 활짝 웃었습니다. 그러자 제자들도 크게 기뻐하며 당나귀를 끌고 냇가로 가서 씻겨주었습니다. 그때 갑자기 당나귀 목구멍에서 다이아몬드가 튀어 나왔습니다.

"다이아몬드다!"

한 제자가 크게 소리치자 다른 제자들의 눈은 일제히 당나귀와 다이아몬드에 쏠렸습니다. 번쩍번쩍 빛나는 다이아몬드는 눈이 부실만큼 아름다웠습니다.

"이 다이아몬드를 선생님께 갖다 드리자. 그러면 선생님께서 나무를 해다 팔지 않으셔도 되니까."

"그래 맞아. 선생님께서 그 힘든 일을 안 하시는 것만도 얼마나 감사한 일이야."

제자들은 다이아몬드를 스승에게 갖다 주었습니다. 그러나 기뻐할 줄 알았던 스승은 근엄한 목소리로 말했습니다.

"지금 당장 그 다이아몬드를 당나귀 전 주인에게 갖다 주어라."

그러자 제자들은 어리둥절한 표정으로 물었습니다.

"스승님, 이 당나귀는 스승님께서 사신 것이 아닙니까?"

"그랬지."

"그런데 왜 당나귀 전 주인에게 갖다 주라고 하시는지요?"

"나는 당나귀를 산 거지 다이아몬드를 산 것은 아니다. 나는 당나귀만 갖겠다. 그러니 다이아몬드는 당나귀 전 주인에게 갖다 주도록 해라."

제자들은 스승의 말을 듣고 크게 감동하여 더욱 그를 존경하였습니다.

이는 《탈무드》에 나오는 이야기로 참된 가르침이 무엇인지를 잘 보여줍니다. 스승은 자신이 정당한 돈을 주고 당나귀를 샀지만, 당나귀에게서 얻은 다이아몬드를 당나귀 전 주인에게 돌려주라고 말합니다. 처음엔 제자들이 이해를 못하다가 스승의 진의를 알고는 그를 더욱 존경하였습니다. 여기서 스승이 제자들에게 보여준 행위는 노자가 말하는 '시이성인 처무위지사 행불언지교是以聖人 處無爲之事 行不言之教' 즉, '성인은 억지로 일을 처리하지 않고 말없이 가르침을 행한다.'는 것을 의미합니다.

둘째, 모든 일이 생겨나도 말하지 않고, 생겨나게 하고도 소유하지 않는다

노자는 '깨달음을 얻은 사람은 모든 일에 있어 그 일이 생겨남에 있어서도 초연하고, 자신이 주체가 되어 어떤 일을 성사시키고도 그것을 소유하지 않는다.'고 말합니다. 대체적으로 사람은 어떤 일에 주체가 되어, 그 일을 이루게 되면 그것을 자랑함은 물론 그것을 소유하려고 합니다. 그것은 자신의 노력이 가해졌기 때문이지요.

그런데 깨달음을 얻은 자는 어떤 일이 생겨남에도 자신을 떠벌리지 않고, 그것을 소유하지 않는다는 것입니다. 이는 무엇을 말하는 걸까요? 깨달음 즉, 도를 얻은 사람은 이러한 욕심으로부터 벗어난다는 것을 의미합니다. 자신을 드러내는 것 또한 욕심이며, 소유하고자 하는 것은 더더욱 욕심이 아니던가요. 허나, 이로부터 자유롭다는 것은 도를 체득했기 때문인 것입니다. 이런 깨달음은 그 자신을 욕심으로부터 벗어나게 한다는 것을 알 수 있습니다.

셋째, 무엇을 해도 자신을 드러내지 않으며, 공을 세우고도 거기에 기대지 않습니다.

노자는 '깨달음을 얻은 사람은 자신이 무엇을 해도, 즉 이루어내고도 그것을 자랑하지 않고, 공을 세우고도 그에 대한 대가를 바라지 않는다.'고 말합니다. 사람은 자신이 한 일이 잘 되었을 땐 자랑하는 마음이 들고, 마땅히 그 공에 대한 대가를 받기 바랍니다. 이는 대개의 사람들이 갖는 공통된 마음이지요.

그런데 깨달음을 얻은 사람은 그 어떤 것도 드러내지 않고, 자신

의 공을 내세우지 않는다는 것입니다. 이는 깊은 깨달음을 얻지 않고서는 도저히 할 수 없는 일이지요. 그러니 범인과 성인은 그 얼마나 현격한 차이를 보이는지를 잘 알 수 있습니다. 깨달음은 자신의 본성을 완전히 바꾸는 일입니다. 이를 일러 '거듭난다'고 하는 것입니다. 이렇듯 거듭난다는 것은 완전히 새로운 사람으로 변신하는 것입니다. 그런 까닭에 성인은 새롭게 거듭난 사람을 의미한다고 하겠습니다.

넷째, 머물고자 하지 않으므로, 이룬 일이 허사로 돌아가지 않습니다.

노자는 말하기를 '깨달음을 얻은 자는 어떤 일을 이루고도 그 일에 머무르지 않는다.'고 말합니다. 그래서 그가 이룬 일이 허사가 되는 일이 없다고 합니다. 이는 무엇을 말하는 걸까요? 표현만 다를 뿐 자신이 이룬 것에 대한 집착이 없다는 것입니다. 그러니 그 일에 매이지 않음으로써 그 일을 헛되게 하는 일은 절대 없다는 것입니다.

그러나 대개의 사람들이 이렇게 한다는 것은 고행을 행하는 것과 같습니다. 자신이 한 것에 대해 집착하고 애착을 갖는 것은 그 사람에겐 당연한 일이기 때문입니다.

그런데 깨달음을 얻게 되면, 그 모든 것으로부터 매이지 않음으로써 자신이 이룬 일을 헛되이 하는 일이 없다는 것입니다. 이를 보면 깨달음을 얻는 사람이 된다는 것은 참 어렵고도 큰 고통이 따르는 일이라는 것을 알 수 있습니다.

그러나 그럼에도 노자는 깨달음 얻기를 권유합니다. 그것이 참된 사람이 되는 길이며, 참된 삶을 사는 일이기 때문이지요.

50대, 왜 《도덕경》을 읽어야 할까?

노자가 말하는 깨달음을 얻은 사람의 행위에 대해 네 가지 관점에서 살펴보았듯이, 보통 사람으로서 이렇게 한다는 것은 쉽지 않습니다. 하지만 50대를 비롯해 그 이후의 삶을 보다 가치 있게 살아가기 위해서는 이런 삶으로부터 어느 정도는 자유로울 수 있어야 합니다. 그래야 50대 이전의 삶과는 다른 인생 후반기의 삶을 여유롭게 보내며 순리를 쫓아 살아갈 수 있습니다.

나이가 들어간다는 것은 단순히 나이를 먹고, 몸이 늙어가는 것이 아닙니다. 나이가 들어간다는 것은 참인간의 모습을 갖추어 가는 멋스러운 행위인 것입니다. 그런 까닭에 이전에 가졌던 모든 욕심으로부터 자유로울 수 있어야 하고, 말보다는 행동으로써 자신을 내 보일 수 있어야 하는 것입니다.

50대는 인생 2막을 시작하는 매우 중요한 시기입니다. 또한 이 시기에는 스스로에 대해서도 그렇고, 가정에서도 그렇고, 사회적으로도 그렇고 생각할 것이 그 어떤 시기보다도 많습니다.

왜 그럴까요? 우리나라 직장인의 평균 퇴직연령이 50대이다 보니, 앞으로 살아가야 하는 문제에 따른 심리적인 압박을 느끼기 때문이지요. 더군다나 퇴직은 자신의 의지와는 관계없이 진행되다 보니, 그에 대한 반작용으로 무력감과 허무감을 동시에 느끼게 되는 데서 오는 현상인 것입니다.

남자의 경우 가장으로서 져야 하는 책임감이 그만큼 큽니다. 이 시기에 대학을 다니는 자녀가 있는 경우가 많습니다. 그러다 보니 학비문제도 있고, 취업을 하는 동안 그에 따른 지원도 필요하다보니, 당연히 경제적인 문제가 대두되기 마련입니다. 좀 이른 결혼을 했다면 자녀의 결혼문제도 어깨를 무겁게 하는 요인이 되지요. 물론 경제적으로 탄탄하다면 문제가 없겠지만, 그렇지 않은 경우는 무거운 짐을 지고 먼 길을 가는 것과 같다고 하겠습니다. 그런 까닭에 자신을 토닥이며 추스를 수 있어야 합니다. 그래야 그 어떤 상황에서도 가장으로서, 한 남자로서, 자신을 지켜내는 데 큰 도움이 된답니다. 이는 여자에게 있어서도 다를 바 없습니다. 어머니로서, 아내로서, 그 어느 때보다도 마음의 짐을 느끼게 됩니다. 50대는 남자나 여자에게 있어 인생의 그 어느 시기보다도 어깨에 무게를 느끼게 되는 시기인 것입니다.

50대를 살아보고, 60대를 살고 있는 내가 볼 때 공자의 《논어》는 40대에게 보다 읽기가 더 알맞고, 50대에게는 노자의 《도덕경》이 더 좋다는 생각입니다. 물론 《논어》또한 50대는 물론 세대를 넘어 읽기에도 더 없이 좋습니다. 하지만 인생의 후반기를 시작하는 50대들의 흔들리는 마음을 잡아주는 데 있어서는 《도덕경》이 보다 더 적합하다는 생각이 드는군요. 물론 모호한 문장에 따른 이해의 몰입도가 떨어지는 경우도 있지만, 차근차근 음미하며 읽다보면 그 의미를 이해하게 됩니다.

나 또한 《논어》를 즐겨 읽었고, 글에도 많이 인용합니다. 그럼에도 내가 《도덕경》을 《논어》보다도 더 높이 두는 것은 바로 이 때문입니다. 즉 무위자연의 삶을 지향하는 내게 있어 길잡이가 되는 데는 《도덕경》이 더 가치성을 부여했기 때문이지요. 물론 이는 어디까지나 내 관점에서 하는 말이니 《논어》를 더 좋아하는 독자들은 이해해주리라 믿습니다. 그러면 《도덕경》의 그 무엇이 이토록 내게 힘이 되었던 걸까요.

노자는 무위자연을 말하면서 그 주된 주체를 '물'에 두었습니다. 물은 많은 자연과 사물 중에서도 순리를 따르는 대표적인 사물이라고 할 수 있습니다.

◇◇◇

최상의 선은 물과 같은 것이다.

물은 만물에 이로움을 주지만 다투는 일이 없고,

모두가 싫어하는 곳에 처한다.

그런 까닭에 물은 도에 가깝다.

上善若水 水善利萬物而不爭 處衆人之所惡 故幾於道

상선약수 수선이만물이부쟁 처중인지소악 고기어도

노자는 물을 상선약수上善若水라 하였습니다. 그 이유는 만물과 다투지 않고, 모두가 싫어하는 곳, 좀 더 구체적으로 말하면 낮은 곳에 처하는 까닭입니다. 또한 물은 높은 곳에서 낮은 곳으로 흐르고, 흐르다 막히면 돌아 흐르거나 막힌 곳을 타고 넘어 흐릅니다. 또 틈이 있으면, 그 틈으로 빠져 흐릅니다. 억지로 무리를 가하거나 순리를 거스르지 않습니다. 그리고 한없이 부드럽지만, 화가 나면 그 어떤 자연보다도 무서운 것이 물인 것입니다. 어디 그 뿐인가요. 물은 사람이나, 동물이나, 나무와 꽃 등 지구상에 살아 숨 쉬는 것들을 이롭게 하는 데 꼭 필요한 존재입니다.

이렇게 볼 때 노자가 말했듯이 물이 왜 도에 가까운지를 이해할 수 있을 겁니다. 이는 깨달음을 얻은 경우에만 행할 수 있는 것이기 때문이니까요. 그러니까 물과 같은 사람이 된다는 것은 도에 가깝게 이르고, 그로인해 깨달음을 얻게 된다는 것을 알 수 있습니다.

이렇듯 물은 순리를 따르고, 만물을 이롭게 하는 무위자연의 가장 근본이 되는 존재입니다. 나는 물의 자연스러움과 유유함이 참 좋습니다. 내가 강을 좋아하는 것도, 강물이 서두르지 않고 일정하게 흐르는 그 흐름, 그 유유함이 좋아서입니다. 그래서 강을 바라보고 있으면 복잡했던 마음도, 분노했던 마음도 사라지고 마음에는 평안함이 깊이 물듭니다.

물처럼 살 수 있다면 내 자신에게도, 타인에게도, 사회에도 더 이상 좋을 수가 있을까, 하는 생각은 50대를 지내며 힘겨울 때마다 나를 지탱하게 해주었던 것입니다. 물론 나 스스로 깨달음 얻은 사람이라고 할 수 없습니다. 나 또한 대단치 못한 평범한 사람에 불과하기 때문이지요. 하지만 그럼에도 불구하고 내가 말할 수 있는 것은 글을 쓰는 작가인 공인으로서 헛되지 않는 삶을 지향했으며, 의미 있는 삶을 살고자 노력했으며, 내 책을 읽은 독자들에게 위로와 용기를 줄 수 있었다는 것에 대해 감사하게 생각하기 때문입니다.

이 모두는 《도덕경》을 읽고 무위자연의 삶을 지향하려고 노력했던 내 삶의 자세에 있음이니, 어찌 내게 이로움이 있었음을 말하지 않을 수 있을까요. 그리하여 이 글을 쓰며 생각을 조심스럽게 내어 보이는 것입니다. 그런 점에서 깨달음을 얻은 사람이 삶을 대하는 자세를 잘 알게 하는 이야기가 있습니다.

조선시대 청백리 황희 정승과 더불어 청백리의 표상으로 이름난 맹사성은 열아홉 살에 장원급제한 천재였습니다. 어린 나이에 관직에 오른 맹사성은 자만심에 우쭐하여 바람직하지 못한 행동을 하기도 했습니다. 맹사성은 학식은 뛰어났지만 인품은 여물지 않았습니다. 그는 열아홉이라는 약관의 나이에 파주 원님으로 부임하였습니다.

그러던 어느 날 어느 암자에 학식이 뛰어나고 인품과 덕망이 높은 이가 기거하고 있음을 듣게 되었습니다. 맹사성은 가르침을 얻기 위해 암자를 찾아가 무명선사에게 이렇게 말했습니다.

"스님, 스님이 보시기에 이 고을을 다스리는 사람으로서 제가 우선시해야 할 좌우명이 무엇이라고 생각하십니까?"

그의 말을 듣고 무명선사가 말했습니다.

"나쁜 일을 하지 말고, 백성들에게 선을 베풀면 됩니다."

맹사성은 빤한 대답에 못마땅한 얼굴로 말했습니다.

"그것은 삼척동자도 다 아는 사실이 아닙니까. 먼 길을 온 내게 해줄 말이 고작 그 말뿐이라니, 제가 스님을 잘못 알고 헛걸음을 한 것 같습니다."

맹사성은 자리에서 일어나 나가려 했습니다.

"이왕 오셨으니 녹차나 한 잔 하고 가시지요."

무명선사의 권유에 맹사성은 마지못해 다시 자리에 앉았습니다. 잠시 후 무명선사는 끓인 찻물을 찻잔에 따랐습니다. 스님은 찻물이 넘치는데도 계속 따랐습니다.

"스님, 찻물이 넘쳐 방바닥이 젖습니다."

맹사성의 말에도 무명선사는 아랑곳하지 않고 계속해서 물을 따랐습니다. 무명선사는 나직한 목소리로 말을 이어갔습니다.

"찻물이 넘쳐 방바닥을 적시는 것은 알면서 어찌 지식이 넘쳐 인품을 망치는 것은 모른단 말입니까?"

무명선사의 낮고 준엄한 말에 맹사성은 머리를 한 대 얻어맞은 것 같았습니다. 그는 황급히 자리에서 일어나 문을 열고 나가려다 그만 문에 머리를 세게 부딪치고 말았습니다. 그 모습을 보고 무명선사가 빙그레 웃으며 말했습니다.

"고개를 숙이면 부딪치는 법이 없습니다."

등 뒤에서 들려오는 스님의 말에 맹사성은 얼굴이 발개진 채로 관아로 돌아왔습니다. 무명선사와의 만남은 맹사성에게 중요한 교훈을 남겼습니다. 그는 자신의 마음에 자리한 교만을 버리기로 굳게 마음먹고 말 한 마디와 사소한 행동 하나하나에도 신중을 기했습니다.

이후 그의 삶은 180도 달라졌습니다. 그는 아랫사람을 대할 때도 함부로 하지 않았으며, 손님이 방문하면 상석에 앉히며 배웅은 문 밖까지 나가서 했습니다. 반면, 주요 관직에 있는 사람들에게는 냉엄하게 대했습니다. 강한 자에게는 강하고, 약한 자에게는 관대했습니다. 맹사성은 가마 대신 소를 타고 다닌 것으로도 유명합니다. 그만큼 청빈한 삶을 살았던 것입니다.

맹사성이 존경받는 정승이 될 수 있었던 것은 무명선사의 가르침을 받고, 자신의 삶을 완전히 바꾸었기 때문입니다. 이처럼 깨달음을 얻은 사람은 이와 같이 말하고 행동합니다. 이런 깨달음이야말로 노자가 말하는 도에 이르는 길인 것입니다.

깨달음을 얻은 자가 되기 위해서는 첫째, 자만심과 교만함을 버리고 자신을 낮출 수 있어야 합니다. 둘째, 모든 탐욕을 버리고 그로부터 자유로워야 합니다. 셋째, 가르침을 받거나 크게 느낀 바가 있으면, 지금까지의 삶의 자세를 완전히 바꿔야 합니다. 넷째, 무엇보다 깨달음의 실천이 중요합니다. 아무리 깨달음의 의도가 좋아도 실천이 따르지 않으면 아무 소용이 없으니까요.

'사람 외에는 도道가 없다.' 즉 사람이 사람이 된 것은 도가 있는 까닭이다. 그러나 인심은 지각이 있으되 도는 적막부동寂寞不動한 것이며, 사람은 싸워서 얻으려고 하는 데 큰 뜻이 있는 것이다. 도는 부채처럼 사람의 손에 매여 이리저리 흔들리는 것이 아니다.

이는 《논어》에 나오는 말로 도는 '세상천지간 만물 중에서도 오직 사람만이 행할 수 있는 거룩한 의식과도 같은 것'이라는 걸 잘 알게 합니다.

그런데 문제는 도는 고요하고 움직이지 않는 것인 데 비해, 사람은 싸워서 얻으려고 하는데 그 어리석음이 있는 것입니다. 그러기에 도는 사람의 손에 놓인 부채처럼 함부로 하거나 쉽게 체득되지 않는 것입니다. 그렇습니다. 깨달음을 얻는 사람이 된다는 것은 마치 고행을 하는 수도자의 자세를 지향해야 합니다. 그만큼 깨달음을 얻기란 어려운 것입니다. 하지만 50대의 삶을 의미 있게 살아가고, 한 인간으로서의 부끄러움을 남기지 않기 위해서, 또 나아가 스스로에게 만족한 인생이 되기 위해서는 깨달음의 삶을 지향해야 합니다. 그것이 옳은 삶을 사는 최선의 길이기 때문이지요.

이렇듯 참사람은 도를 깨달음으로써 물처럼 도에 가까운 사람이 되어야 하는 것입니다. 그렇습니다. 참되고 가치 있는 것은 그것이 삶이든, 일이든, 학문이든 그 무엇이든 쉽게 할 수 없습니다. 그러기에 그것을 행하기 위해 노력한다는 것은 그것만으로도 충분히 가치 있다고 하겠습니다.

50대는 하늘의 뜻은 알아야 하는 지천명입니다. 그러니 어찌 50대의 삶을 헛되이 할 수 있을까요? 마음이 흔들리고, 답답하고, 비이성적으로 행동하고, 허무함을 느낄 땐 《도덕경》을 읽으세요. 그리고 마음을 하나로 모아 무위를 실천한다면, 마음을 단단하게 지탱하게 됨으로써 부끄럽지 않은 나로 살아가는 데 큰 도움이 될 것입니다. 여기에 50대에 왜 《도덕경》을 읽어야 하는지에 대한 이유가 있는 것이니까요.

02

자연의 흐름을 따르라

무위의 다스림으로 다스려지지 않는 것이 없다.

*

爲無爲 則無不治

위무위 즉무불치

무위와 인위

무위와 인위는 단 한 글자 차이지만, 그 차이에서 오는 결과는 이루 말할 수 없을 만큼 격차가 큽니다. 무위는 본래 그대로의 상태, 그러니까 애초에 생겨났을 때 그 자체로 사람의 손길이 전혀 가해지지 않은 순수무구한 자연세계입니다. 무위는 보탤 것도 모자람도 없이 언제나 일정한 자연의 흐름을 따라 흘러갑니다. 그런 까닭에 넘치거나 모자라지 아니함으로써 잘못되어지거나 우주의 질서를 흐트러뜨리지 않습니다. 그 이유는 인간적인 관점에서 볼 때 그 어떤 계산도 탐욕도 전혀 개입되지 않은 까닭입니다.

그러나 인위는 무위자연에 사람의 손길이 더해진 인공적인 것입니다. 인공적인 세계는 과하거나 모자라거나 언제나 변수가 많습니다. 그런 까닭에 인간이 사는 지구라는 공간은 언제나 많은 문제가 일어납니다. 지진이 일고, 해일이 일고, 홍수가 나고, 산불이 나는 등 자연재해가 끊이질 않습니다. 자연재해를 겪으면서 수많은 바이러스 등이 생겨나고, 그 바이러스가 창궐하면서 인류의 생명이 위협받고 있습니다.

이 모든 원인은 무위자연에 인위를 가한 인간의 탐욕이 빚은 결과이고 보면, 인위라는 것이 얼마나 많은 모순을 지닌 것인지를 잘 알 수 있습니다. 그동안 인류는 많은 발전을 거듭해왔습니다. 전 세계적으로 나무는 베어지고, 각종 공장과 자동차 등에서 뿜어져 나오는 온실가스로 대기는 심하게 오염 되었고, 수많은 쓰레기들로 땅과 바다 등 지구가 오염되었습니다. 그로인해 발전의 원동력이자 삶의 근원인 자연은 병들고 파괴되어져 왔고, 지금도 여전히 파괴되고 있습니다.

인간이 자연으로부터 원하는 것을 얻은 만큼, 베어진 나무수대로 나무를 심고, 대기를 맑게 하는 등 피폐된 자연이 원래의 모습으로 회복할 수 있도록 노력을 들였다면, 지금과 같은 대재앙은 일어나지 않았을 것입니다.

그런데 더 잘 먹고, 더 잘 살려는 인간들은 지나친 욕심만 부릴 줄 알았지 그로인해 어떤 결과가 일어나리라고는 전혀 생각하지 못했습니다. 물론 환경학자나 환경운동가 들이 그 폐해의 심각성을 누누이 강조했지만, 각국의 지도자들은 물론 전 세계인은 아무렇지도 않게 외면했던 것입니다. 한치 앞을 못 보는 우둔함에 인류는 재앙을 맞게 된 것이지요.

이렇듯 인위는 참으로 무지無知하고, 생산적인 것 같지만 결과적으로는 비생산적인 결과를 낳는 모순덩어리라는 것을 알 수 있습니다.

◇◇◇

무위의 다스림으로 다스려지지 않는 것이 없다.

爲無爲 則無不治
위무위 즉무불치

노자는 '무위는 다스림으로 다스려지지 않는 것이 없다.'고 했습니다. 이는 무엇을 말하는가요? 즉, '인위를 가하지 않고 무위를 따르게 되면, 그것이 사람이든, 나무든, 꽃이든, 바다든, 강이든 잘 못 될 일이 없음'을 뜻합니다. 그러니까 무위를 따르라는 것입니다. 무위를 따름으로써 절대 손해를 보거나 잘 못 되는 일이 없음에 대한 표현을 '무위의 다스림으로 다스려지지 않는 것이 없다.'라고 한 것입니다.

무위는 자연의 순리를 따르는 행위입니다. 순리를 따르면 잘못되는 일이 없습니다. 그럼에도 인간은 순리를 거스르는 일을 아무렇지도 않게 합니다. 왜 그럴까요? 순리를 따르기 위해서는 자신의 마음을 가득 채우고 있는 욕심을 내려놓아야 하는데, 그렇게 한다는 게 너무 어렵기 때문입니다.

그러나 참된 삶을 살고, 참된 내가 되고자 한다면 그렇게 해야 합니다. 그렇지 않고서는 참된 삶도, 참된 나도 될 수 없습니다. 그러기에 참된 삶을 살고, 참된 내가 된다는 것은 아득하고 어려운 것입니다. 하지만 온전한 참됨, 온전히 참된 내가 되지는 못해도 그와 비슷하게 살도록 노력하면, 그 또한 의미 있는 삶을 사는 것과 같습니다. 그러기 위해서는 무위의 삶 즉, 순리를 거스르지 말고 살아야 합니다.

군자는 천리天理에 당연한 법을 닦아서 자연 천명天命을 기다리는 외에는

길흉화복을 염두에 두지 아니하고, 올바른 법을 지켜나간다.

그래서 천명의 순리를 어기지 않는다.

君子行法以俟命而已矣

군자행법이사명이이의

이는 맹자가 한 말로 순리를 거스르지 않는 것이 군자의 도리라는 것을 알 수 있습니다. 물론 누구나 군자가 될 수도 있지만, 군자가 되기란 많은 수양이 따르는 법입니다. 그런 까닭에 누구나 군자가 될 수 없는 것입니다. 군자는 되지 못할지언정 군자의 삶을 따르는 것이 곧 순리를 어기지 않는 길입니다.

마지막 남은 나무가 베어진 뒤에야,

마지막 남은 강물이 오염된 뒤에야,

마지막 남은 물고기가 붙잡힌 뒤에야,

그제야 그대들은 깨닫게 되리라.

사람은 돈을 먹고 살 수 없다는 사실을.

이는 크리족 인디언 예언자가 한 말로 자연에 인위를 가하지 말라는 경고입니다. 사람들이 영특한 것 같아도 미련한 것은 '지금'이라는 그 순간에만 너무 집착한다는 것입니다. 물론 지금 해야 할 일은 미루지 말고 지금 해야 합니다. 그렇지 않고 때를 놓치면 자신의 얻고자 하는 것이 허사가 될 수 있으니까요.

그러나 크리족 인디언 예언자의 말처럼 돈을 위해 즉 인간의 욕망을 위해 나무라든가, 강물이라든가, 물고기라든가 하는 것들을 지금 없애 버린다면, 그것은 돌이킬 수 없는 재앙이 된다는 사실입니다. 참으로 무섭고 두려운 일이 세계 곳곳에서 자행되고 있는 현실이다 보니, 참으로 안타깝고 절망적인 일이 아닌가 싶습니다. 이 또한 순리를 거스르지 말아야 함을 뜻합니다.

맹자의 말과 크리족 인디언 예언자의 말에서 보듯, 순리를 따르는 것이 곧 참된 삶이며, 참된 내가 되는 것입니다.

군자는 항상 생각하는 바가 깊고 먼 데에 있다.
그러나 소인은 단지 눈앞에 이로운 일에만 마음이 움직인다.

이는 《춘추좌씨전春秋左氏傳》에 나오는 말로 군자란 무엇이며, 소인이란 무엇인지를 잘 알게 합니다. 다시 말하지만 누구나 군자가 되는 길은 열려 있습니다.

그러나 군자가 되는 사람은 극히 드뭅니다. 그만큼 군자가 되기란 어렵고도 먼 길을 가는 것과같이 힘이 듭니다. 하지만 우리는 만물의 으뜸인 인간이 아니던가요. 군자는 되지 못하더라도, 군자의 삶을 따라야 합니다. 그것이 스스로를 위해서도 그렇고, 내 가정을 위해서도 그렇고, 사회를 위해서도 도움이 되는 까닭이니까요.

무위는 하늘과 땅의 이치이다

◇◇◇

가지고 있으면서 가득 채우는 것보다 멈추는 것이 좋다.

너무 날카롭게 벼리고 갈면 오래 보존할 수 없다.

금과 옥이 집에 가득하면 이를 지키기가 어렵다.

부유하고 귀하다고 교만해지면 스스로 허물을 남긴다.

공을 이룬 다음에는 물러나야 하는 것이 하늘의 이치이다.

持而盈之 不如基已 揣而銳之 不可長保 金玉滿室

莫之能守 富貴而驕 自遺基咎 功遂身退 天之道

지이영지 불여기이 췌이예지 불가장보 금옥만실

막지능수 부귀이교 자유기구 공수신퇴 천지도

이는 《도덕경》 제9장의 내용으로 무위가 천지도天之道 즉, 하늘과 땅의 이치임을 잘 알게 합니다.

노자는 무위함에 대해 네 가지로 말합니다.

첫째, 가지고 있으면서 가득 채우는 것보다 멈추는 것이 좋습니다.

노자는 '가지고 있으면서 가득 채우는 것을 멈추라.'고 말합니다. 과유불급過猶不及이라 했습니다. 즉, 지나침은 아니함만 못한 것입니다. 그러니까 가득 채우다 보면 도리어 있는 것마저 잃게 되는 우를 범할 수 있는 까닭입니다. 왜 그럴까요? 욕심을 내다보면 채우려는 데만 급급하게 되어, 이성을 상실하게 됩니다. 그러다보니 잘못되어지는 것을 알지 못합니다. 그런 까닭에 가지고 있는 것으로 족할 수 있어야 합니다.

둘째, 너무 날카롭게 벼리고 갈면 오래 보존할 수 없습니다.

노자는 '너무 날카롭게 벼리고 갈면 오래 보존할 수 없다.'고 말합니다. 날카롭게 벼리고 갈다보면 얇아져서 사용하다 자칫 망가지기 쉬운 까닭입니다. 또한 얇아진 관계로 조금만 사용해도 금방 무뎌져 오래 사용하기 힘듭니다. 이처럼 벼리고 갈기를 반복하다보면 그만큼 수명이 단축되는 것입니다.

셋째, 금과 옥이 집에 가득하면 이를 지키기가 어렵습니다.

노자는 '금과 옥이 집안에 가득하면 이를 지키기 어렵다.'고 말합니다. 호시탐탐 금과 옥을 노리는 검은 손길이 많은 까닭이지요. 열 사람이 한 사람의 도둑을 막지 못한다고 했습니다. 훔치려고 하는 자는 금과 옥을 제 창고에 들이기 위해 온갖 수단을 다 행하기 때문에, 금과 옥을 지키기 위해서는 그만큼 힘들고 어려운 법입니다.

넷째, 부유하고 귀하다고 교만해지면 스스로 허물을 남기게 됩니다.

노자는 '부유하고 귀하다고 교만해지면 스스로 허물을 남긴다.'고 말합니다. 사람들 중엔 없을 땐 그리도 겸손하고 인간미를 풍기다가도 하루아침에 부유하게 되면, 이전의 마음을 잃어버리고 교만하게 구는 이들이 있습니다. 물질이 쌓이다 보면 물질에 마음을 빼앗겨 사리분별력 흐려지고 비도덕적으로 변합니다. 한 마디로 재물에 눈이 어두워졌기 때문입니다.

노자가 경계하여 이른 네 가지를 따르지 않으면, 온전한 삶을 살아가기가 매우 힘듭니다. 이는 무엇을 말하는 걸까요? 무위는 모든 것을 순리대로 따르는 것이기에 문제가 일어나지 않습니다. 하지만 인위를 따르다 보면, 온갖 문제에 봉착하게 되고, 그 문제로 인해 온전한 삶을 사는 것이 불가능합니다. 그런 까닭에 노자는 '공을 이룬 다음에는 물러나야 하는 것이 하늘의 이치다.'라고 말한 것입니다.

무위 즉 순리를 따르지 않으면 세상은 자신이 원하는 대로 따라주지 않습니다. 그것을 따라주다 보면 삶이 혼란스러워지고, 병들게 됨으로써 삶이 피폐해지기 때문입니다.

무위를 버리고 인위를 따를 때 나타나는 현상

'소돔'과 '고모라'는 구약성서에 나오는 고대 도시로 문명이 발달한 화려하고 멋진 도시였습니다. 사람들은 이 도시에서 사는 것을 매우 행복하게 생각했습니다.

그러나 세월이 흐르면서 사람들이 점점 변하기 시작했습니다. 순리인 하나님의 뜻을 버리고, 자신들의 탐욕이 이끄는 대로 행동하기 시작했습니다. 사람들은 술에 취해 거리를 헤매고, 음란한 행위를 일삼고, 광란의 짓거리를 일삼았습니다. 그토록 살기 좋고 풍요로운 도시가 타락할 대로 타락한 악의 도시가 되고 만 것입니다. 하나님은 더 이상 두고 볼 수 없어 불과 유황으로 멸망시키고 말았습니다.

천년의 역사를 지닌 로마제국. 로마제국은 유럽지역에서 가장 부유하고 가장 문화가 발달한 도시국가였습니다. 로마 시민이 된다는 것은 매우 영광스럽고, 축복받은 일이었습니다. 발달한 문명으로 사람들은 안락함을 누렸으며, 언제나 긍지와 자부심으로 살았습니다.

그런데 언젠가부터 로마 사람들은 타락하기 시작했습니다. 사람이 사람을 죽이고, 술 취함과 음란이 도시를 병들게 했습니다. 수간이 이루어지고, 동성애를 하는 등 사람들은 타락할 대로 타락한 악의 도시가 되고 말았습니다. 그리고 AD 79년 화산폭발로 인해 이탈리아 도시인 폼페이가 지구상에서 영원히 사라지고, 로마제국 또한 사라지고 말았습니다.

지금 세계의 미래는 아주 암울합니다. 바이러스로 인한 유행병이 창궐하여 세계를 혼란에 빠트리고, 미국과 아마존, 시베리아, 호주를 비롯한 세계 곳곳에서 산불이 일어나 인명과 재산을 휩쓸어버리고, 지진이 일고 해일이 일고, 홍수가 나고, 가뭄이 드는 등 하루도 편안한 날이 없습니다. 우리나라 경우에도 4대강 사업으로 물길의 흐름에 인위를 가하자, 수초가 끼고 물이 오염 되었습니다.

그러나 물길을 가로막은 댐을 철거하고 무위를 따르자, 물이 다시 예전처럼 맑게 살아나 유유히 흐르고 있습니다.

이 모두는 문질문명의 편안함에 취해 자연의 소중함을 잃어버리고 자연을 함부로 대한 인간들의 만행이 빚은 결과입니다. 더 잘살기 위해 나무를 베어내고, 강과 바다를 오염시키고, 온실가스를 뿜어대며 하늘을 오염시키는 등 마치 오늘만 살 것처럼 아무렇지도 않게 행동하는 인간의 어리석음이 빚은 결과입니다.

소돔과 고모라는 성서 속에 도시라 마치 신화나 전설처럼 여길지 몰라도 충분히 이해가 가고 남는 이야기입니다. 고고학자들은 실제로 소돔과 고모라가 존재했다고 믿으며, 그 증거로 소돔과 고모라가 화산폭발로 멸망했다고 주장합니다. 불과 유황은 곧 화산폭발을 의미한다고 주장하는 것이지요. 로마제국의 이야기와 폼페이의 이야기는 역사적으로 증명되었으며, 지금 우리가 사는 지구에서 벌어지는 일들은 날마다 목격하고 있는 현실이다 보니 그 누구도 부인하지 못할 것입니다. 이 모두는 무위를 버리고 인위를 따르는 까닭입니다. 무위는 순리를 따르는 일이지만, 인위는 탐욕을 따르는 일인 것입니다.

⬦⬦⬦

현명함을 떠받들지 않으면,

사람들 사이에 다투는 일이 없어질 것이다.

얻기 어려운 재화를 귀히 여기지 않으면,

사람들이 훔치는 일이 없어질 것이다.

욕심낼 만한 것을 보이지 말지니,

사람의 마음이 산란해지지 않을 것이다.

不尙賢 使民不爭 不貴難得之貨 使民不爲盜 不見可欲 使民心不亂

불상현 사민부쟁 불귀난득지화 사민불위도 불견가욕 사민심불란

이는 《도덕경》 제3장에 나오는 말로 노자는 '현명함을 떠받들지 않으면 즉, 따르지 않으면 사람들 사이에 다툼이 없어지고, 얻기 어려운 재화를 귀히 여기지 않으면 훔치는 일이 사라지고, 욕심낼 만한 것을 보이지 않으면, 사람 마음이 심란해지지 않을 것이다.'라고 말합니다. 여기서 현명함을 떠받들고, 얻기 어려운 재화를 귀히 여기

고, 욕심낼 만한 것을 보이는 것은 인위를 따르는 것과 같습니다. 그렇기 때문에 다툼이 생기고, 훔치는 일이 생기고, 마음이 심란해 지는 것입니다.

그러나 이를 따르지 않으면 다툼도, 훔치는 일도, 마음이 심란한 일도 없을 것입니다. 무위를 따르면, 모든 것이 순리대로 평탄하게 되는 까닭입니다.

50대를 살다보면 50대 이전 보다 명예를 더 생각하게 되고, 자리를 더 욕심내게 되고, 자신을 더 드러내고 싶은 욕망이 듭니다. 자신을 드러내고 싶은 마음이 상대적으로 커지는 까닭입니다.

그러면 왜 이런 마음이 드는 걸까요? 그것은 자신의 인생도 썩 괜찮다는 것을 과시하고 싶은 욕망이 나이가 들수록 커지기 때문입니다.

덕德은 적은데 지위는 높고, 지혜는 적은데 꾀함이 크면
화火가 없는 자가 적을 것이다.

《주역周易》에 나오는 말로, '자신의 부족함보다 더 지위를 높이고, 꾀함을 크게 하려는 사람들로 인해 화를 입는 자가 많게 됨'을 역설적으로 말합니다. 자신의 능력보다 더 큰 것을 바란다는 것은 결국 탐욕을 따르는 일이기에 이는 무위를 버리고 인위를 따르는 것입니다. 그런 까닭에 이런 사람들로 인해 우리 사회는 연일 시끄럽습니다. 모두가 탐욕을 따르는 인위로 인한 까닭입니다. 그렇습니다. 자신이 좀 더 인간다운 삶을 통해 행복하고 가치 있는 인생을 살고 싶

다면, 인위를 따르지 말고 무위를 따르는 삶을 살도록 노력해야 합니다. 그것이야말로 진정으로 자신을 위하는 일이니까요.

03

불필요한 말을 삼가라

말이 많으면 자주 궁색해지니 중심을 지키는 것만 못하다.

*

多言數窮 不如守中

다언삭궁 불여수중

입은 재앙의 문이다

구시화문口是禍門이라는 말이 있습니다. 이는 《전당서全唐詩》〈설시편舌詩篇〉나오는 것으로써 '입은 재앙의 문'이라는 뜻입니다. 이는 즉, 세상사의 모든 화火는 입에서 나옴을 의미합니다. 말은 한 사람을 영웅이 되게도 하고, 패역한 졸장부가 되게도 합니다. 또한 한 세계를 뒤흔들 만큼 힘이 셉니다. 그런 까닭에 말은 어떻게 하느냐에 따라 '구원의 빛'이 되기도 하고, 멸망의 구렁텅이로 끌어내리는 '화근'이 되기도 합니다. 이처럼 한 마디의 말에 인생의 모든 것이 달려 있다

49

고 해도 과언이 아닙니다.

⊘⊗⊘

말이 많으면 자주 궁색해지니 중심을 지키는 것만 못하다.

多言數窮 不如守中

다언삭궁 불여수중

이는 노자가 《도덕경》 제5장에서 한 말로. '말이 많으면 실수를 하게 되고, 그로인해 궁색해지니 아니 한만 못함'을 의미합니다. 말이 많다보면 쓸 말도 있지만, 쓸모없는 말도 많은 까닭입니다. 그런 까닭에 아무리 개인적인 능력이 뛰어나다고 해도, 말 한 마디 때문에 평생 쌓은 공든 탑을 무너뜨리는 법입니다. 또한 아무리 막강한 권력의 자리에 올랐다 해도, 잘못한 말 한 마디로 패가망신하는 예는 얼마든지 있습니다. 다음은 이에 대한 이야기입니다.

로마제국의 철학자이자 일급 웅변가인 마커스 시세로는 유창한 말솜씨와 뛰어난 웅변술로 로마 최초로 국부라는 칭호와 함께 집정관에 올랐습니다. 그는 천부적으로 말재주를 타고 났습니다. 자신의 명성이 날로 높아지자 그는 유명한 배우들을 찾아다니며 목소리, 몸짓, 손짓 등을 배웠습니다. 그러자 그의 웅변술은 더욱 돋보였습니다. 말과 몸짓이 사람들에게 미치는 영향은 상당했습니다. 웅변이 평면적이라면 웅변과 몸동작은 입체적이었던 것이지요. 이렇게 되자 고대 그리스에서 가장 뛰어나다는 평가를 받는 웅변가 데모스테네스와 쌍벽을 이룰 만큼 그의 인기는 대단했습니다. 또한 마커스 시세로는 기억력이 뛰어나 한 번 본 사람의 이름은 정확하게 기억하였으며, 자신이 간 곳의 장소라든가 한 번 읽은 것은 또렷이 기억함으로써 사람들을 놀라게 했습니다. 뛰어난 기억력은 그가 학문을 깊이 있게 배우는 데도 크게 작용했습니다.

그러나 그는 뛰어난 웅변술과 기억력만큼의 인품을 갖추지 못했습니다. 때때로 말을 가볍게 불쑥 던지는 통에 주변 사람들을 당황하게 하고, 함부로 말을 해 사람들을 불쾌하게 하는 때도 종종 있었습니다. 뿐만 아니라 자신과 마음에 맞지 않거나 거스르면 험담을 일삼고 비방하여 눈살을 찌푸리게 했습니다. 말도 자꾸만 하면 늘듯 험담도 비방도 하면 할수록 늘어만 갔습니다.

이는 습관화가 되었고 마커스 시세로와 경쟁관계 있던 사람들은 그를 경계하였습니다. 말년에 마커스 시세로는 로마제국의 초대 황제가 된 옥타비아누스와 힘을 합쳐 또 다시 권좌에 오르려고 획책하였습니다. 하지만 그의 가벼운 입과 남을 비방하는 것을 못마땅하게 여긴 옥타비아누스는 삼두정치체제를 이루자 로마의 카이에타에서 그를 참형에 처했습니다.

삼사일언三思一言이란 말이 있습니다. 이는 공자가 한 말로 '한 번 말할 땐 세 번을 생각하고 말하라.'는 뜻으로, 말을 할 땐 그만큼 신중히 하라는 것입니다. 그래야 말로 인한 실수를 줄임으로써 화를 막을 수 있기 때문입니다. 예나 지금이나 말은 이토록 신중에 신중을 기해야 탈이 없는 법입니다.

"인간의 입은 하나, 귀는 둘이다. 결국, 듣기를 배로 하라는 뜻이다."

이는《탈무드》에 나오는 말로, '말은 될 수 있는 대로 줄여서 하고, 대신 남의 말을 많이 들으라.'는 것입니다. 말을 많이 하는 데 따른 부작용을 막기 위한 지혜라고 할 수 있습니다. 그렇습니다. 말은 재앙의 문이므로 쓸모 있는 말, 꼭 해야 할 말을 하되, 불필요한 말이나 함부로 하는 말을 삼가야 합니다.

때와 상황에 맞게 말하기

말을 할 땐 때와 상황에 맞게 말해야 합니다. 분별없이 아무 때나 불쑥불쑥 말을 한다는 것은 예의 없는 행동입니다. 이런 행동은 상대방은 물론 주변 사람들을 분노하게 만드는 지극히 어리석은 일입니다. 또한 같은 말도 '아' 다르고 '어' 다르다는 말이 있습니다. 이는 상황에 따라 말도 가려서 해야 함을 말하는 것입니다.

그런데 사람들 중엔 상황 즉 분위기 파악을 못한 채 말하는 이들이 있습니다. 그로인해 상대를 무안하게 만들고, 분위기를 난처하게 해 공분을 사기도 합니다. 말이란 잘하면 천금보다도 귀하지만, 잘못하면 목숨을 잃게 하는 원흉이 되기도 합니다. 상황 파악을 하지 못하고 충정에 불쑥한 한 마디로 치명적인 결과를 초래한 이야기가 있습니다.

중국의 역사서 가운데 《사기》는 총 130권의 방대한 분량으로 사마천의 역작입니다. 사마천의 직책은 태사령으로 천문관측, 달력개편, 국가대사와 조정의례의 기록을 맡아서 하는 요직입니다. 그는 태사령이었던 아버지 사마담이 이루지 못한 꿈을 이루고자 《사기》 집필을 시작했습니다.

그러던 중 뜻하지 않는 인생 최대의 고난을 맞게 되었습니다. 한나라 7대 황제인 무제는 이부인을 총애했습니다. 그러던 어느 날 무제가 명장 이릉 장군을 불러 이광리가 흉노를 정벌할 수 있도록 힘써 보좌하라고 명을 내렸습니다. 그 이유는 무제가 이부인의 오빠인 이광리가 흉노 정벌의 공을 세우도록 하기 위함이었습니다. 하지만 이릉은 명을 따르지 않고 별동대 5천 명을 이끌고 침입하여 흉노

선우의 3만 병력과 싸워 수천 명의 목을 베었습니다. 흉노의 선우는 11만의 병력으로 이릉을 공격했지만, 이길 수 없자 철군을 결심했습니다.

이때, 이릉의 부하 중 한 명이 잘못을 저지르고 징벌을 피해 흉노로 도주하였습니다. 그런 뒤 그는 이릉의 군대는 원병도 없고 화살도 거의 바닥이 났다고 말했습니다. 이에 철군하려던 선우는 이릉을 공격하였습니다. 결국, 중과부적衆寡不敵으로 이릉은 포로로 잡히고 말았습니다. 이때 흉노의 선우는 이릉을 얻기 위해 자신의 딸을 주며 사위로 삼았습니다.

이를 알게 된 무제는 노발대발하며 이릉의 노모와 처자를 참형에 처하고, 그의 죄를 문책하는 회의를 열었습니다. 무제는 노기를 띤 채 이릉은 나를 배반했으니 이 역적을 어떻게 하면 좋을지 말해보라고 했습니다. 하지만 그 누구도 쉽게 입을 열지 못하는데, 사마천이 조용히 입을 열었습니다.

"폐하, 지금은 이릉이 고육지책으로 그리 하였으리라 생각됩니다. 그는 훗날 반드시 황은에 보답하리라고 신은 믿사옵니다."

이릉을 두둔하는 사마천의 말을 듣고 무제는 진노하여 말했습니다. 그의 충언은 불난 집에 기름을 붓는 격이었습니다.

"네 놈이 정녕 생각이 있는 것이냐. 여봐라! 저 놈을 당장 극형에 처하도록 하라."

서슬 퍼런 무제의 한 마디에 사마천은 결국 생식기를 잘리는 궁형에 처해지고 말았습니다. 당시, 궁형은 남자에게는 가장 치명적이고 수치스러운 형벌이었습니다. 남성성을 잃은 남자의 비애는 말로 형언하기 힘들 만큼 고통 그 자체였습니다. 그렇다고 사마천은 스스로 목숨을 끊을 수도 없었습니다. 아버지의 당부인《사기》를 집필해야 했기에 수치심도 참으며 집필에 몰두해야 했고, 마침내《사기》를 완성시켰습니다.

사마천의 이 일화는 말 한 마디가 인생에 미치는 영향력이 얼마나 큰지를 잘 알게 합니다. 아무리 옳은 말이라도 때와 상황에 따라 가려서 해야 합니다.

그런데 철없이 불쑥불쑥 말하거나 나설 때 안 나설 때를 분간하지 못한다면 그로인해 큰 화를 입게 될 것입니다. 그런 까닭에 이를 각별히 유념해야 합니다. 그것이 바로 자신의 삶을 지혜롭게 이끄는 최선의 비책이니까요.

세치 혀를 함부로 놀리지 않기

◇◇◇

말을 적게 하는 것이 자연의 이치다.

그런 까닭에 회오리바람도 아침 내내 불지 못하고,

소나기도 하루 종일 내릴 수 없다.

누가 하는 일인가, 하늘과 땅이다.

하늘과 땅도 이처럼 이런 일을 오래 할 수 없는데

하물며 사람이 어찌 그럴 수 있겠는가.

希言自然 故飄風不終朝 驟雨不終日 孰爲此者

天地 天地尚不能久 而況於人乎

희언자연 고표풍부종조 취우부종일 숙위차자

천지 천지상불능구 이황어인호

이는 노자가 《도덕경》 제23장에서 한 말로, '말을 적게 하는 것이
자연에 이치다.'라고 말합니다. 그리고 이어 회오리바람도 아침 내내
불지 못하고, 소나기도 하루 종일 내리지 못하는데, 그것은 오직 하

늘과 땅만이 할 수 있다고 말합니다. 하지만 하늘과 땅도 이 일을 오래도록 할 수 없다고 말합니다. 그런데 하물며 사람이 자연도 못하는 것을 어찌할 수 있단 말인가, 라고 말합니다.

이는 무엇을 말하는지요? 말을 많이 하지 말라는 것입니다. 말이 많으면 가볍게 보이고, 실없는 사람처럼 보이지요. 그래서 말이 많은 사람은 신뢰가 가지 않는 것입니다.

자신의 주변을 한 번 돌아보세요. 말 많은 사람에게 신뢰가 가는지를. 아마 고개를 설레설레 흔들게 될 겁니다. 그런 까닭에 세치 혀를 여기저기서 함부로 놀려서는 안 되는 것입니다. 다음은 세치 혀를 함부로 놀리다 인생을 비참하게 끝낸 이야기입니다.

진시황제에게는 환관 조고라는 간신이 있었습니다. 그는 한 마디로 간신 중에 간신이었습니다. 조고는 시황제가 죽자 황제의 유서를 조작하였습니다. 조고는 시황제의 장남 부소와 사이가 좋지 않아 그가 황제가 되면 숙청을 당할까 봐, 유서를 조작하여 진시황의 열여덟째 아들 영호혜를 부추키어 형 부소를 죽이고 공신들도 죽이고 황위를 찬탈케 하였습니다.

조고의 사악함이 얼마나 큰지를 잘 알게 하는 이야기입니다. 그는 진시황이 죽자 자신에게 불만을 갖고 있는 신하를 가려내기 위해 사슴을 한 마리 끌고 와서는 황제 호혜에게 말했습니다.

"황제폐하, 여기 좋은 말 좀 보시옵소서."

"아니, 그건 사슴이 아니요?"

조고의 너무나도 터무니없는 말에 호해는 고개를 갸웃거리며 말했습니다. 그러자 조고는 신하들에게 "저게 말이요, 사슴이요?"하고 물었습니다. 그러자 조고가 두려운 신하는 말이라고 했고, 몇몇은 사슴이라고 말했습니다. 조고는 바른 말을 한 신하들을 모두 죽이고 말았습니다.

권력을 손에 쥔 조고는 지금껏 함께해왔던 이사를 죽이고 자신이 승상의 자리에 올랐습니다. 그리고 자신의 꼭두각시놀음을 하던 황제 호해를 죽이고 더욱 기세등등하였습니다. 그후 조고는 억울하게 죽은 황태자 부소의 장남 영자영을 황제의 자리에 오르게 하였지만, 조고의 모든 만행을 낱낱이 알고 있던 영자영은 그를 죽이기 위해 여러 장수들과 힘을 모아 황제 즉위식 전에 자객을 보내 조고와 그의 가문을 모두 몰살함으로써 환관 조고의 만행은 종지부를 찍었습니다.

이 이야기는 거짓과 위선으로 가득 찬 세치 혀는 모두를 곤경에 처하게 하고, 스스로에게 씻을 수 없는 상처를 준다는 것을 잘 알게 합니다. 세치 혀를 늘 조심하고 조심해야 하는 까닭이 바로 여기에 있는 것입니다.

지금 우리 사회는 상대를 비난하는 말, 거짓으로 꾸며 대는 말, 상대를 공격하는 말, 가짜 뉴스 등으로 넘쳐납니다. 이는 SNS의 발달에 따른 사회적 현상으로, 매우 심각한 상황에 처해 있습니다. 상대가 안 보인다고 해서 말을 함부로 하거나, SNS를 통해 함부로 한다는 것은 범죄인 것입니다.

말이란 해서 좋은 것이 있고, 해서는 안 되는 것이 있습니다. 칭찬이나 미담같이 해서 좋은 것은 얼마든지 해도 좋지만, 상대를 비난하고, 없는 말을 꾸며서 말하는 것은 절대 삼가야 합니다.

"말이 많으면 쓸 말은 상대적으로 적은 법이다."

이는 중국 춘추전국시대의 학자이자 사상가인 묵자墨子가 한 말입니다. 요즘 시대에 마음에 새겨 이 말대로 행한다면, 자신에겐 덕을 쌓는 일이며, 상대에게도 덕이 됨으로써 아름답고 행복한 삶을 살아가게 될 것입니다. 그렇습니다. 꼭 필요한 말은 하되 해서 안 되는 말은 삼가기 바랍니다. 그것이야말로 허물을 줄이는 일이자, 자신을 잘되게 하는 복된 행위인 것입니다.

04

사사로운 욕심 버리기

하늘은 오래가고 땅은 장구하니 하늘과 땅이 영원한 까닭은
자신만을 위해 살지 않기 때문이다.
그러기에 오래도록 살아가는 것이다.
그런 까닭에 성인은 자신을 뒤에 두고도 자신이 앞서고,
자신을 내버려두고서도 자신이 보존되는 것이다.
그것은 사사로운 욕심이 없는 까닭이다.
그러기에 자신을 성취할 수 있는 것이다.

*

天長地久 天地所以能長且久者 以其不自生 故能長生
是以聖人後其身而身先 外其身而身存 非以其無私邪 故能成其私
천장지구 천지소이능장차구자 이기부자생 고능장생
시이성인후기신이신선 외기신이신존 비이기무사사 고능성기사

지나친 욕심 버리기

사람은 누구에게나 욕심은 다 있기 마련입니다. 욕심 또한 인간의

내면에 내재한 본능이기 때문입니다. 다만 사람에 따라서 욕심이 많고 적으냐의 차이가 있을 뿐입니다.

그런데 문제는 욕심을 탐하다보면, 탐욕이란 함정에 빠져 헤어나지 못함으로써 스스로를 망침은 물론 주변 사람들에게도 화를 미칠 수 있습니다. 그런 까닭에 옛 성현들은 욕심을 버려야 온전한 삶을 살 수 있다고 이구동성으로 설파하였습니다. 욕심을 버리게 되면 명경지수明鏡止水처럼 심령이 맑고 깨끗해짐으로써 사사로움에서 벗어날 수 있기 때문이지요.

그러나 탐욕에 물들게 되면 욕망의 지배를 받게 됨으로써, 암흑처럼 심령이 어두워져 사사로움에서 벗어날 수 없습니다. 그런 까닭에 온전한 삶을 살아갈 수 없게 되는 것입니다.

◇◇◇

하늘은 오래가고 땅은 장구하니 하늘과 땅이 영원한 까닭은
자신만을 위해 살지 않기 때문이다.
그러기에 오래도록 살아가는 것이다.
그런 까닭에 성인은 자신을 뒤에 두고도 자신이 앞서고,
자신을 내버려두고서도 자신이 보존 되는 것이다.
그것은 사사로운 욕심이 없는 까닭이다.
그러기에 자신을 성취할 수 있는 것이다.

天長地久 天地所以能長且久者 以其不自生 故能長生

是以聖人後其身而身先 外其身而身存 非以其無私邪 故能成其私

천장지구 천지소이능장차구자 이기부자생 고능장생

시이성인후기신이신선 외기신이신존 비이기무사사 고능성기사

이는 노자의 《도덕경》 제7장의 내용으로, '성인은 자신을 뒤에 두고도 자신이 앞서고, 자신을 내버려두고서도 자신이 보존되는 것이라고 말하며, 그것은 사사로운 욕심이 없어서라고 말합니다. 그런 까닭에 자신을 완성 및 성취할 수 있다.'고 말합니다. 노자의 말에서 보듯 성인은 사사로움에서 벗어나 있다는 것을 알 수 있습니다. 사사로움 즉 욕망에서 자유로울 수 있느냐 없느냐는 성인과 범인을 가름하는 척도라고 볼 수 있습니다.

노자는 사사로움에서 벗어남으로써 성인이 될 수 있는 바, '이는 마치 하늘이 오래가고 땅이 장구한 것은 자신만을 위해 살지 않기 때문이며, 그러기에 오래도록 살아가는 것과 같다.'고 말합니다. 이렇듯 사사로움 즉 욕망에서 자유롭다는 것은 성인의 반열에 오를 만큼 가치 있는 일이자 중요한 일이라는 걸 알 수 있습니다.

그렇게 해야 하늘의 이치를 깨달을 수 있는 까닭에 성인이 된다는 것은 참으로 높고 우뚝한 일인 것입니다. 하지만 그렇게 한다는 것은 많은 수양이 쌓여야 가능한 법, 그래서 성인이 된다는 것은 힘들고 어려운 것입니다. 여기서 문제는 성인은 되지 않더라도 사사로

움에서 자신을 지킬 수 있어야 합니다. 그렇게 하지 않으면 사사로움에서 벗어날 수 없어 탐욕의 지배를 받게 됨으로써 양심을 더럽히게 되는 일도 서슴지 않게 되는 것입니다.

양곡 창고 늙은 쥐가 말斗만 한데
사람이 창고 문 열고 들어와도 달아나질 않는구나.
병사들은 군량미가 없고 백성들은 굶주리는데
뉘라서 아침마다 네 놈 입에 먹을 것을 가져다 바치느냐.

官倉老鼠大如斗 관창노서대여두
見人開倉赤不走 견인개창적부주
健兒無糧百姓饑 건아무량백성기
誰遣朝朝入君口 수견조조입군구

이 한시는 당나라 조업이 지은 〈관창서官倉鼠〉로 그 아득한 옛날도 지금처럼 부정부패가 만연했음을 잘 알 수 있습니다. 이 한시에서 보면 부정부패한 자를 늙은 쥐에 비유했고, 그 크기가 말만하다고 했습니다. 병사와 백성 들이 먹을 것이 없어 굶주리는데도 제 뱃속만 채우려는 부정부패자의 더러운 행위를 신랄하게 비판하는 이 한시는, 시공을 초월하여 현 시대에도 가슴을 치게 하는 선견지명의 눈이 맑게 번뜩입니다.

부정부패란 나라와 국민을 파멸시키는 가장 확실한 부조리입니다. 그리고 부정부패를 일삼는 국가의 지도자나 관리들의 말로는 반드시 처벌되었음을 우리의 역사에서도 누누이 보아왔습니다. 부정부패와 부조리가 저질러지는 것은 이 또한 사사로움 즉 욕망 때문입니다. 이런 부조리한 마음을 자신의 마음에서 멀어지게 하려면 늘 자신을 돌아보는 마음을 길러야 합니다. 그래서 지나친 욕심에 물들지 않게 맑고 곧은 성품을 닦아야 하는 것입니다.

견물생심見物生心을 경계하기

사람이 탐욕에 빠지는 것은 그 원인이 눈으로 보기 때문입니다. 금은보화는 사람으로 하여금 갖고 싶다는 마음을 들게 합니다. 화려한 것은 사람의 마음을 들뜨게 하고, 멋진 것을 보면 멋지고 싶은 마음을 갖게 하고, 좋은 것을 보면 갖고 싶은 마음이 생기게 합니다. 눈은 마음의 창과 같아서 눈에 보이는 대로 마음에 그대로 새겨 놓습니다. 그래서 볼 것만 보고, 보지 말아야 할 것은 보지 말아야 한다고 하는 것입니다.

◇◇◇

다섯 가지 색깔로 사람의 눈이 멀게 되고,

다섯 가지 소리로 사람의 귀가 먹게 되고,

다섯 가지 맛으로 사람의 입맛이 상하게 된다.

말 달리며 사냥하는 일이 사람을 미치게 만들고,

얻기 어려운 재화가 사람의 행동을 방해하게 한다.

그런 까닭에 성인은 배부름을 위하지 눈을 위하지 않는다.

그러므로 저것을 버리고 이것을 취한다.

五色令人目盲 五音令人耳聾 五味令人口爽

馳騁畋獵 令人心發狂 難得之貨 令人行彷

是以聖人 爲腹不爲目 故去彼取此

오색령인목맹 오음령인이롱 오미령인구상

치빙전렵 령인심발광 난득지화 령인행방

시이성인 위복불위목 고거피취차

이는 노자의 《도덕경》 제12장의 내용으로 인간의 평정심을 잃게 하는 것과 보는 것에 대해 경각심을 주고 있습니다. '인간의 평정심을 잃게 하는 것으로는 다섯 가지 색깔로 사람의 눈이 멀게 되고, 다섯 가지 소리로 사람의 귀가 먹게 되고, 다섯 가지 맛으로 사람의 입맛이 상하게 되고, 말 달리며 사냥하는 일이 사람을 미치게 만들고,

얻기 어려운 재화가 사람의 행동을 방해하게 한다.'고 말합니다.

다섯 색깔의 화려함은 사람의 마음을 들뜨고 심란하게 하고, 다섯 가지 소리는 소리에 취하게 해 귀를 먹게 하고, 다섯 가지 맛은 사람의 입맛을 잘못 길들여 아무거나 먹지 못하게 하고, 말 달리며 사냥하는 것은 사람의 마음을 빼앗는 요물과 같아 사람이 사행성놀이 등에 빠지게 하고, 얻기 어려운 재화는 사람에게 재물의 욕심을 심어주어 사람의 행동을 잘못되게 하는 괴물과도 같습니다. 그런 까닭에 '성인은 배부름을 위하지 눈을 위하지 않는다.'고 노자는 말합니다. 이는 무엇을 의미하는 걸까요? 즉 보는 것의 경계함을 이르는 것입니다.

사랑하는 사람을 본다는 것, 사랑하는 가족을 본다는 것, 아름다운 풍경을 본다는 것, 맑고 푸른 하늘을 본다는 것 등 본다는 것은 참 행복하고 좋은 것입니다. 그러나 보지 말아야 할 것을 본다는 것은 인간을 사악하게 하는 원인이 되기에 보는 것을 가려서 보아야 하는 것입니다.

품성이 바르고 반듯한 사람은 자신의 양심을 더럽히지 않으려는 마인드가 강합니다. 그런 까닭에 자제력 또한 강합니다. 하지만 품성이 바르지 않은 사람은 자신을 잘 못되게 하는 일도 서슴지 않습니다. 그리고 이런 사람은 자제력 또한 약합니다. 그런 까닭에 뭐가 있다하더라 하는 소리를 듣게 되면 부화뇌동하여 자신도 모르게 그것에 빠져드는 것입니다. 이렇듯 봐서 안 되는 것을 보는 것 또한 탐욕에서 오는 것입니다. 탐욕이란 아주 더러운 것이고, 인간의 마음의 눈을 멀게 하는 요물인 것입니다.

> "오욕은 오경五境에 집착하여 일으키는 다섯 가지 정욕으로
> 재욕財慾, 색욕色慾, 식욕食慾, 명예욕名譽慾, 수면욕睡眠慾을 말한다."

이는 오욕칠정五慾七情 중 오욕五慾을 말하는 것으로, 오욕이란 인간이 취할 수 있는 즐거움의 욕망을 말하는 것입니다. 이는 모두 인간이 살아가면서 보고 느끼게 되는 욕망으로 이것은 본능적인 것이지만, 정도를 넘게 되면 이 또한 탐욕이 되는 것입니다. 이렇듯 '재물이나 모든 욕망은 보는 데서 비롯된다.'는 것을 알 수 있습니다.

그런 까닭에 노자는 '시이성인위복 불위목 고거피취차是以聖人爲腹 不爲目 故去彼取此'라고 말했습니다. 이는 '성인은 배부름을 위하지 눈을 위하지 않는다. 그러므로 저것을 버리고 이것을 취한다.'는 뜻으로 말했던 것입니다.

50대는 인생 2막을 시작하는 시기로, 생각이 그 어느 때보다도 많습니다. 그러다보니 이럴 때일수록 몸과 마음가짐을 바르게 할 필요가 있습니다. 나이 50이면 세상에 대해 그리고 인생에 대해 알 만큼 안다고 할 수 있겠지만, 세상은 그리 호락호락하지 않고 인생은 그렇게 단순한 것이 아닙니다. 그런 까닭에 더 많이 읽고, 배우고, 듣고, 익혀야 하는 것입니다. 특히, 욕망으로부터 자신을 지켜낼 수 있어야 합니다. 욕망이란 사람을 따지지 않고, 신분을 따지지 않고, 배움의 많고 적음을 따지지 않고, 그가 누구든 심지心地가 굳지 않으면 언제

든지 찾아가 그 사람을 흔들어댄다는 사실을 잊지 말아야 합니다.

과욕은 패가망신을 부른다

|

욕심은 인간이라면 누구에게 다 있기 마련입니다. 욕심은 인간의 본능 중 하나이기 때문이지요. 다만 사람에 따라서 욕심이 많고, 적고 정도의 차이가 있을 뿐 정도를 벗어나지 않은 욕심은 나쁘다고 할 수 없습니다. 그렇다면 정도가 문제가 되겠는데, 과욕을 부려 남에게 피해를 주고 법에 저촉되는 행위, 대개의 사람들이 생각하는 정도를 벗어나는 행위, 스스로의 양심에 가책을 느끼게 되는 욕심은 과욕이라고 볼 수 있습니다. 그렇지 않다면 그것은 과욕이라고 볼 수 없습니다.

춘추전국시대 촉蜀나라는 드넓은 평야지대에 곡식이 잘 되었을 뿐만 아니라 많은 보화寶貨를 지닌 강국이었습니다. 그럼에도 촉나라 왕은 욕심이 많아 보화를 축적하는 데 심혈을 기울였습니다. 진秦나라는 촉나라의 이웃나라로 혜왕惠王은 일찍이 촉나라의 부유함을 보고 촉나라를 쳐서 빼앗고 싶은 야심으로 가득했으나, 지형이 험난해서 쉽게 침공을 할 수 없었습니다.

그러던 어느 날 혜왕은 매우 그럴듯한 아이디어를 떠올렸습니다. 그것은 촉나라 왕의 탐욕을 이용하기 위한 계책으로 석수장이에게 대리석으로 커다란 소를 만들게 하였습니다. 그리고는 이 소가 황금 똥을 눈다고 소문을 퍼트렸습니다. 그리고 사신을 보내어 촉나라 왕에게 두 나라가 협력해서 길을 뚫는다면, 황금 똥 누는 금소를 촉나라 왕에게 선물로 보내겠다고 말했습니다. 이에 촉나라 왕은 그 말을 굳게 믿고 힘센 백성들을 동원하여 산을 뚫고 계곡을 메워 금소가 지날 수 있는 큰 길을 만들었습니다. 길이 뚫리자 진나라 왕은 곧바로 촉나라를 공격하여 쉽게 정복하였습니다. 촉나라 왕은 작은 이익에 욕심을 부리다 나라를 잃고 말았습니다.

이는 유주劉晝의 《신론新論》에 나오는 소탐대실小貪大失의 유래로 '작은 것을 탐하다보면 큰 것을 잃을 수도 있다.'는 말입니다. 촉나라의 왕처럼 작은 것을 탐하는 것도 이럴 진대, 과욕을 부린다면 그 폐해는 이루 말할 수 없을 만큼 크다는 것은 자명한 사실입니다.

유럽과 아시아 지역의 약 90%를 장악한 알렉산드로스 대왕은 직접 철학자인 디오게네스를 찾아갔습니다. 그는 금욕주의자로 키니코스 학파의 대표적인 철학자입니다. 그는 가난했지만 자족생활을 하며 통 속에서 잠을 자는 등 반문명적인 생활을 영위했습니다. 알렉산드로스는 그를 보고 말했습니다.

"당신이 갖고 싶은 것이 있다면 그것이 무엇이든 말해보시오."

마침 햇볕을 쬐고 있던 디오게네스가 말했습니다.

"조금만 비켜주시오. 당신 때문에 햇빛이 들어오지 않는구려."

디오게네스의 말을 듣고 알렉산드로스는 크게 깨달음을 얻었습니다. 사람에게 있어 채우는 것보다 비우는 것이 더 중요한 일이라는 것을. 알렉산드로스는 이렇게 말했습니다,

"내가 알렉산드로스가 아니라면 디오게네스가 되고 싶다."

이 이야기는 많은 사람들에게 회자되었고, 디오게네스의 청빈한 무소유의 삶은 사람들로부터 크게 존경받았습니다.

이 이야기를 통해 디오게네스의 청빈한 마음을 잘 알 수 있습니다. 그는 마음만 먹으면 부귀영화를 누릴 수도 있었는데, 천재일우의 좋은 기회를 아무렇지도 않게 여겼다는 것입니다. 그에게 있어 부귀영화는 바람에 날리는 먼지와 같았습니다. 그에게 있어 중요한 것은 욕심 없는 삶, 무위자연의 삶이었던 것입니다. 욕심 없이 산다는 것은 수행과도 같이 지극히 어려운 일입니다. 하지만 지나친 욕심은 금물입니다. 그것은 자신의 모든 것을 촉나라의 왕처럼 한 순간에 잃는 패가망신하는 일이니까요.

> "욕심이 지나쳐서 망하는 사람은 있어도,
> 욕심이 없어서 위급에 몰리는 사람은 없다."

이는 《회남자淮南子》에 나오는 말로 욕심이 인간에게 미치는 영향에 대해 잘 알게 합니다. 그렇습니다. 나이가 들어갈수록 욕심을 내려놓아야 합니다. 그래야 욕심으로 인해 어려운 일을 겪지 않게 됩니다. 이를 마음에 새겨 욕심이 생길 때마다 음미한다면, 그 어떤 재물의 유혹이나 투자의 유혹에도 흔들리지 않게 될 것입니다.

05

내 몸을 천하처럼 사랑하라

총애를 받거나 모욕을 당하면 놀란 것처럼 하되, 고난을 내 몸처럼 귀히 여겨라.
총애를 받거나 모욕을 당하면 놀란 것처럼 하라는 말은 무슨 의미인가.
총애를 받으면 아래에 놓임이니
총애를 얻어도 놀란 것처럼 하고, 총애를 잃어도 놀란 것처럼 하라.
이것을 일러 총애를 받거나 모욕을 당하면 놀란 듯이 하라는 말이다.
고난을 내 몸처럼 귀하게 여긴다 함은 무엇을 뜻하는 말인가.
내가 고난을 당하는 것은 내 몸이 있기 때문이다.
내가 몸을 갖고 있지 않으면 무슨 고난이 있겠는가.
그런 까닭에 몸을 천하처럼 소중히 여겨야 천하를 맡길 수 있듯,
몸을 천하처럼 사랑해야 천하를 맡길 수 있는 것이다.

*

寵辱若驚 貴大患若身 何謂寵辱若驚 寵爲下 得之若驚 失之若驚
是謂寵辱若驚 何謂貴大患若身 吳所以有大患者 爲吳有身 及吳無身 吳有何患
故貴以身爲天下 若可奇天下 愛以身爲天下 若可託天下
총욕약경 귀대환약신 하위총욕약경 총위하 득지약경 실지약경
시위총욕약경 하위귀대환약신 오소이유대환자 위오유신 급오무신 오유하환
고귀이신위천하 약가기천하 애이신위천하 약가탁천하

내 몸을 귀하게 여겨야 하는 이유

◇◇◇

우리의 몸과 피부와 머리카락 하나도 모두 부모로부터 받은 것이니,

이를 손상치 않는 것이 효의 시작이며 입신하여 도를 행하며

후세에까지 이름을 떨쳐 부모를 널리 알리는 것이 효의 끝이니라.

身體髮毛 受之父母 不敢毀傷 孝之始也

立身行道 揚名於後世 以顯父母 孝之終也

신체발모 수지부모 불감훼상 효지시야

입신행도 양명어후세 이현부모 효지종야

이는 《효경孝敬》〈개종명의〉에 실려 있는 말로 이 말의 유래는 다음과 같습니다.

공자가 집에 머물러 있을 때 제자인 증자曾子가 그의 시중을 들고 있었습니다. 이때 공자가 증자에게 물었습니다.

"선왕께서 지극한 덕과 요령 있는 방법으로 천하의 백성을 따르

게 하고, 화목하게 살도록 하여 위아래가 원망하는 일이 없도록 하였는데, 네가 그것을 알고 있느냐?"

"외람된 말씀이지만, 불민한 제가 어떻게 그것을 알겠습니까?"

공자의 물음에 증자는 자리에서 일어나 몸을 가지런히 한 후 말했습니다. 이에 공자는 다음과 같이 말했습니다.

"무릇 효란 덕의 근본이며 가르침은 여기서 비롯되느니라. 내 너에게 일러줄 테니 다시 자리에 앉거라. 사람의 신체와 터럭은 부모에게서 받은 것이니, 이것을 손상시키지 않는 것이 효의 시작이다. 몸을 세워 도를 행하고 후세에 이름을 떨침으로써 부모를 드러내는 것이 효의 끝이니라. 그런 까닭에 효는 부모를 섬기는 데서 시작하여, 임금을 섬기는 과정을 거쳐 몸을 세우는 데서 끝나는 것이니라."

공자의 말에서 보듯 자식의 신체는 부모가 물려준 것이기에 터럭 하나도 손상을 입혀서는 안 된다는 것을 알 수 있습니다. 그것이 나를 낳아 준 부모에 대한 자식 된 도리이며 효의 시작이기 때문입니다.

그런데 몸에 상처를 입히고, 자해를 한다면 그것은 부모에 대한 불효가 아닐 수 없습니다. 또 나아가 도를 행하고 이름을 널리 떨쳐 부모를 드러내는 것 또한 자식된 도리이며 효의 끝이라 했습니다. 도를 행하기는커녕 손가락질 받는 일을 하고 이름을 드러내지 못한다면, 이는 부모에 대한 불효라는 걸 알 수 있습니다. 이렇듯 내 몸은 함부로 여겨서는 안 되는 매우 중요한 것입니다.

노자는 '고귀이신위천하 약가기천하 애이신위천하 약가탁천하

故貴以身爲天下 若可寄天下 愛以身爲天下 若可託天下'라고 말했습니다. 이는 '몸을 천하처럼 소중히 여겨야 천하를 맡길 수 있듯, 몸을 천하처럼 사랑해야 천하를 맡길 수 있는 것이다.'라는 뜻입니다. 노자의 말을 보면, 공자가 한 말보다 한 층 더 내 몸을 소중히 해야 한다는 것을 알 수 있습니다. 공자는 내 몸을 소중히 여겨야 할 것은 오직 부모에 대한 효이기 때문인 반면, 노자는 내 몸을 천하처럼 소중히 여겨야 함은 그래야 천하를 맡길 수 있기 때문이라는 것입니다. 그러니까, 내 몸이 건강하고 튼튼해야 천하 즉 세상의 일을 맡아서 할 수 있다는 것이며, 이는 곧 나를 비롯한 모두를 위한 일이기 때문에 더욱 중요할 수밖에 없는 것이라는 것을 알 수 있습니다.

공자의 부모에 대한 효이든, 노자의 천하를 맡길 수 있든, 내 몸을 소중히 여겨야 한다는 것은 분명한 사실인 바, 내 몸은 매우 소중한 것입니다. 이처럼 소중한 몸을 갖고 태어났으니 긍정적이고 생산적인 인생을 사는 것은, 스스로를 복되게 하고 스스로에 대한 예의인 것입니다. 그런데 부정적이고 비생산적인 인생을 산다면, 그것은 스스로를 하찮게 여기고 함부로 여기는 불의한 일인 것입니다.

나이가 들어갈수록 몸과 마음을 바르게 하고, 건강하게 해야겠다는 생각이 자주 듭니다. 이는 단지 오래 살기 위한 것이 아니라, 그래야 하고 싶은 일을 더 활기차게 하고 생산적인 삶을 살 수 있기 때문입니다. 그리고 또 하나는 몸이 건강해야 자식들에게 짐이 되지 않는 까닭입니다.

"건강한 육체에 건전한 정신이 깃든다."

이는 고대 로마의 시인인 데키무스 유니우스 유베날리스가 한 말로 육체가 건강해야 정신 또한 건강하다는 것을 알 수 있습니다. 특히, 50대는 노년으로 향하는 본격적인 시기입니다. 근육양도 줄어들고, 세포는 늙어가고, 정신력도 점점 약화되기 시작합니다. 이럴 때일수록 꾸준한 운동을 한다면, 육체의 노화를 최소화할 수 있다고 의사는 이구동성으로 말합니다. 건강한 몸을 만드는 것은 내 몸을 소중히 여기는 행위입니다. 그렇습니다. 자신의 행복을 위해 몸을 소중히 여겨 가꾸어야 합니다.

내 몸을 함부로 하지 않기

노자는 《도덕경》 제13장에서 '총욕약경 귀대환약신 하위총욕약경 총위하 득지약경 실지약경 시위총욕약경 하위귀대환약신 오소이유 대환자 위오유신 급오무신 오유하환 고귀이신위천하 약가기천하 애이신위천하 약가탁천하 寵辱若驚 貴大患若身 何謂寵辱若驚 寵爲下 得之若驚

失之若驚 是謂寵辱若驚 何謂貴大患若身 吾所以有大患者 爲吾有身 及吾無身 吾有何 患 故貴以身爲天下 若可寄天下 愛以身爲天下 若可託天下’라고 말했습니다.

　이는 '총애를 받거나 모욕을 당하면 놀란 것처럼 하되, 고난을 내 몸처럼 귀히 여겨라. 총애를 받거나 모욕을 당하면 놀란 것처럼 하라는 말은 무슨 의미인가. 총애를 받으면 아래에 놓임이니, 총애를 얻어도 놀란 것처럼 하고, 총애를 잃어도 놀란 것처럼 하라. 이것을 일러 총애를 받거나 모욕을 당하면 놀란 듯이 하라는 말이다. 고난을 내 몸처럼 귀하게 여긴다 함은 무엇을 뜻하는 말인가. 내가 고난을 당하는 것은 내 몸이 있기 때문이다. 내가 몸을 갖고 있지 않으면 무슨 고난이 있겠는가. 그런 까닭에 몸을 천하처럼 소중히 여겨야 천하를 맡길 수 있듯, 몸을 천하처럼 사랑해야 천하를 맡길 수 있는 것이다.'라는 뜻입니다. 그러니까 내가 총애를 받거나 모욕을 받아도 놀란 것처럼 하되, 걱정거리인 고난을 당해도 그것을 피하지 말고 내 몸처럼 귀히 여겨야 함을 말합니다.

　왜 그럴까요? 고난을 내 몸처럼 여겨야 하는 것은 내 몸이 있는 까닭이며, 고난을 이겨내는 것은 곧 나 자신을 위한 것이기 때문이지요. 또한 나 자신을 위하는 것은 그렇게 해야 천하를 내게 맡길 수 있기 때문인 것입니다. 이처럼 노자가 말하는 내 몸을 천하처럼 소중히 하고, 천하처럼 내 몸을 사랑하는 일은 곧 자신을 위하는 일인 것입니다.

　그런데 자신을 함부로 하여 몸을 상하게 한다면, 그것은 자신의 몸을 준 부모에 대한 배은망덕이자, 천하를 맡길 수 있는 기회를 놓치는 어리석은 일인 것입니다.

미국에서 있었던 일입니다. 한 아이가 아버지에게 용돈을 타내기
위해 잔머리를 굴렸습니다. 아버지는 아이의 말대로 돈을 줄 때도
있었지만, 주지 않을 때도 있었습니다.

"너는 어디다 돈을 쓰기에 툭하면 달라고 하느냐. 돈은 아껴서 써
야지 함부로 쓰다가는 나중에 거지가 된다."

그러면 아이는 아버지의 말에 이렇게 대꾸했습니다.

"아버지, 돈이 꼭 필요하니까 달라고 하는 거지요. 당장 돈을 주지
않으시면 저는 죽어 버릴지도 몰라요."

"아니, 이 녀석이 그런 말하면 못 써!"

아버지는 목숨을 끊겠다고 하자 말로는 강하게 하면서도 혹시나
아들이 잘못될까 봐 돈을 쥐어 주었습니다. 그러자 아이는 툭하면
목숨을 끊겠다고 말하며 으름장을 놓았습니다. 아이에게 자살은 용
돈을 타내기 위한 고약한 수단이었던 것입니다.

아이는 자라서 어른이 되었고 사랑하는 여자와 만나 결혼하였는
데, 아내가 아이를 낳다가 그만 죽고 말았습니다. 그는 아내의 죽음
으로 인해 큰 충격을 받았습니다. 혼자서는 아이를 키울 자신이 없
었습니다. 고민에 사로잡힌 그는 자신을 괴롭혔습니다.

"이렇게 살 바에는 차라리 죽는 게 낫지."

그러던 어느 날 그는 자신의 머리에 총구를 겨누고 방아쇠를 당
겼습니다. 불행은 거기서 끝나지 않았습니다. 부모 없이 혼자서 자란

아이는 제대로 된 보살핌을 받지 못했습니다. 그러다 보니 제멋대로 말하고 함부로 행동하였습니다. 사람들은 아이를 손가락질하며 흉을 보기에 이르렀습니다. 세월이 흘러 아이는 청년이 되었고, 거리에서 시민들과 얘기를 하던 윌리엄 매킨리 대통령을 저격하기에 이릅니다. 이 사건으로 미국은 큰 충격에 빠졌고, 현장에서 체포된 그는 얼마 후 형장의 이슬로 사라졌습니다. 그 청년의 이름은 무정부주의자인 레온 촐 고츠입니다.

이 이야기는 자신의 목숨을 함부로 여겨 자살한 아버지로 인해, 그 아들 역시 불행하게 살다 형장에 이슬로 사라졌다는 것을 알 수 있습니다. 이처럼 소중한 목숨을 제 손으로 끊어버린다는 것은 부모에 대한 불효이자, 영원히 자신을 망치는 일입니다. 또한 나아가 자신의 자식의 삶까지도 망치는 일인 것입니다. 이런 인생을 산다는 것은 자신을 모독하는 일이며, 자신을 죄의 사슬에 얽매이게 하는 불행한 일입니다.

우리나라는 경제개발협력기구OECD 중 자살률 1위라는 불명예를 안고 있습니다. 이는 무엇을 말하는 걸까요? 국가가 발전하여 경제력은 좋아졌지만, 그 반면에 여러 가지 이유로 살기가 더 힘들어졌다는 것을 의미합니다. 특히, 2030세대 젊은이들의 죽음은 더더욱 안타깝고 가슴 아픈 일이 아닐 수 없습니다.

산다는 것은, 살아 있다는 것은 그것만으로도 정녕 축복입니다. 자신의 목숨을 함부로 여기지 말아야 합니다. 노자가 말했듯이 고난을 당하는 것도 내가 살아 있기 때문이며, 그것을 이겨내면 천하를 맡을 수도 있는 즉, 좋은 일이 생길 수 있기 때문입니다.

50대는 그 어느 시기보다도 어려움이 많이 따릅니다. 그것은 누구나 피할 수 없는 삶의 과정과도 같습니다. 아무리 삶이 나를 힘들게 해도 자신을 소중히 여겨 이겨내야 합니다. 그것은 자신의 인생에 대한 책임이자 의무인 것입니다. 그렇습니다. 삶은 인간이 극복하지 못할 시련을 주지 않습니다. 그러니까 내 몸을 소중히 하여 고난 앞에 무릎 꿇지 말고, 맞서 싸워 이겨내야 하는 것입니다.

내 몸을 천하처럼 소중히 여기기

잘생긴 외모로 영혼을 울리는 노래를 부르는 21세기의 대표적인 성악가인 테너 안드레아 보첼리. 그가 부르는 〈콘 테 파르티로그대와 함께 떠나리〉'를 듣고 있으면, 마치 천상의 소리를 듣는 듯 울림이 크게 다가옵니다.

그런데 그는 앞을 보지 못하는 장애를 갖고 있습니다. 그가 신체적인 결함을 이겨내고 최고의 테너가 될 수 있었던 이야기입니다.

보첼리는 이탈리아 농촌지역인 투스카니에서 포도와 올리브를 경작하는 작은 농가에서 태어났습니다. 어린 보첼리는 음악적 재능이 뛰어났습니다. 농촌은 음악 교육을 시키기에는 여러 가지 어려운 점이 많았지만, 보첼리의 부모는 그가 여섯 살 때부터 피아노 레슨을 받게 했습니다. 고사리 같은 작은 손으로 열심히 피아노를 치며 연습하는 보첼리를 바라보는 부모의 마음은 뿌듯함 그 자체였습니다. 그의 부모는 피아노 외에도 플루트와 색소폰을 가르쳤는데, 그는 유독 오페라 아리아에 많은 관심을 보였습니다. 오페라 가수가 부르는 노래에 넋을 잃고 듣고 있는 어린 보첼리의 모습은 아주 진지했습니다.

그런데 보첼리 나이 열두 살 때 친구들과 축구를 하다 그만 머리를 다치는 사고로 서서히 시력을 잃고 말았습니다. 시력을 잃은 보첼리를 위해 그의 부모는 최선을 다했고, 그 역시 자신의 처지에 굴복하지 않고 자신의 미래를 위해 열심히 공부를 했습니다.

보첼리는 앞이 보이지 않는 답답하고 힘든 생활을 의지 하나로 버티며, 열심히 자신의 길을 열어가기 위해 노력에 노력을 거듭하였습니다. 그는 피사 대학에 진학하여 법률을 공부한 끝에 법학박사 학위를 취득하고 변호사가 되어, 여러 해 동안 법률가로 지냈습니다.

그러나 그의 가슴 속에는 노래에 대한 강한 미련이 남아 있어, 노래의 꿈을 접을 수가 없었습니다. 그는 넘쳐나는 음악에의 열정을 감추지 못해 전설적인 테너 프롱코 코델리를 찾아가 그의 문하생이 되었습니다. 그는 교습비를 마련하기 위해 클럽과 레스토랑에서 피아노를 연주하였습니다.

이후 보첼리는 1992년 이탈리아를 대표하는 록스타 주개로와 인연이 되어, 주개로의 데모 테입 제작을 위해 그와 함께 〈미세레레〉라는 노래를 불렀는데, 그의 노래를 듣고 테너 루치아노 파바로티는 감탄을 하며 칭찬을 아끼지 않았습니다. 주개로는 당초 계획대로 파바로티와 노래를 녹음하였지만, 바쁜 파바로티를 대신해 라이브 공연에는 보첼리가 초대되었던 것입니다. 이 공연은 보첼리의 인생을 바꾸어 놓는 계기가 되었습니다. 그의 노래를 들은 청중들은 열광했고, 곧 이어 그의 이름은 유럽 전역에 알려지기 시작했으며, 그를 성공의 길로 이끌어 주었습니다. 주개로의 소개로 파바로티를 알게 된 보첼리는 그의 진가를 알아본 파바로티의 연말 자선 콘서트에 초대되어, 유감없이 자신의 노래 실력을 보여줌으로써 더욱 자신의 입지를 굳혀 나갔습니다.

보첼리는 가는 곳마다 돌풍을 일으키며 영혼을 노래하는 가수라는 찬사를 받았습니다. 그의 목소리에는 깊은 울림과 떨림이 있는데, 이는 다른 테너들이 흉내낼 수 없는 그만의 개성이지요. 그의 이런 점이 사람들을 매료시켰던 것입니다. 그는 클래식부터 팝에 이르기까지 못하는 장르가 없고, 그의 그런 노래는 전 세계적으로 수백만 장이 발매되는 등 큰 성공을 거뒀습니다. 그의 등장은 파바로티, 도밍고, 카레라스로 대변되는 세계 테너의 새로운 대안으로 확실시되었고, 그의 성공은 푸르른 창공의 태양이 되어 오늘도 빛나고 있습니다.

이 이야기는 많은 것을 생각하게 합니다. 특히, 앞을 보지 못하게 된 불행한 상황에서도 자신을 소중히 여겨 최선을 다한 끝에 세계적인 테너가 된 보첼리. 그는 인간의 의지가 얼마나 위대한지를 잘 보여줍니다. 그가 불행한 자신의 처지를 극복하고 세계 성악계에서 최고가 될 수 있었던 것을 노자의 관점에서 본다면, '고귀이신위천하 약가기천하 애이신위천하 약가탁천하故貴以身爲天下 若可奇天下 愛以身爲天下 若可託天下'라고 할 수 있습니다. 이는 '그런 까닭에 몸을 천하처럼 소중히 여겨야 천하를 맡길 수 있듯, 몸을 천하처럼 사랑해야 천하를 맡길 수 있는 것이다.'라는 뜻으로, 보첼리가 세계 최고가 될 수 있었던 것은 제 몸을 천하처럼 소중히 여기고 사랑한 데에 있다고 할 수 있습니다.

대개의 사람은 뜻하지 않는 일로 불행에 처하다보면, 좌절하고 절망하여 한동안 헤어 나오지 못합니다. 그러다 보면 어떤 사람은 자신을 극복하지 못하고, 삶을 포기하고 맙니다. 이는 개인에게도, 그 가족에게도 매우 불행한 일입니다. 나아가 국가적으로도 불행한 일입니다.

노자의 말처럼 힘들고 어려울수록 고난을 이겨내야 합니다. 그것은 곧 내 몸을 천하처럼 소중히 하는 일이며, 천하를 맡을 수도 있는 기회가 되기 때문입니다. 내 몸을 소중히 여긴다면 그 어떤 고난도 이겨낼 수 있습니다. 또한 자존감을 잃지 말아야 합니다. 자존감을 갖게 되면 자신을 더욱 소중히 여기는 마음을 갖게 됩니다. 이에 대해 미국의 심리학자며 근대 심리학의 창시자로 불리는 윌리엄 제임스는 다음과 같이 말했습니다.

"자존감이란 자신이 사랑받을 만한 가치가 있는 소중한 존재이고,

어떤 성과를 이루어낼 만한 유능한 사람이라고 믿는 마음이다."

윌리엄 제임스의 말에서 알 수 있듯 자존감이 높다는 것은 자신
에 대한 가치를 높이는 데 큰 힘으로 작용합니다. 그래서 자존감이
강한 사람은 스스로를 존중하고 격려함으로써 자신을 가치 있는 사
람으로 이끌어내는 것입니다.

그렇습니다. 나이가 들수록 자존감을 잃기 쉽습니다. 직장을 퇴직
하고 할 일이 없다보면, 의기소침해서 자신을 쓸모없는 사람처럼 여
기는 마음이 드는 까닭입니다.

하여 이르노니, 자신이 할 수 있는 일은 그것이 무엇이라 할지라
도 실행하기 바랍니다. 그렇게 하다보면 아직도 나는 쓸모가 있는
사람이구나라는 생각이 들게 됩니다. 그리고 자신이 진정으로 하고
싶어 하는 일을 하게 되는 기회를 갖게 될 것입니다.

내 몸을 천하처럼 소중히 하고, 내 몸을 천하처럼 사랑하기 바랍
니다.

06

마음이 비어 있음의 극치감에 이르게 하라

비어 있음의 극치에 이르게 되면 참된 고요함을 지키라.

만물이 모두 일어날 때 그들의 되돌아감을 눈여겨보라.

만물은 무성하게 뻗어가나 저마다 그 뿌리로 돌아간다.

이를 일러 명을 회복한다고 한다.

명을 회복하는 것을 상이라 하고, 상을 아는 것을 명이라 하는 바,

상을 알지 못하면 흉한 일을 당하게 된다.

상을 알면 너그러워지고 너그러워지면 공평해진다.

공평해지면 왕같이 되고, 왕같이 되면 하늘처럼 된다.

하늘처럼 되면 도에 부합되고, 도에 부합되면 영원히 사나니,

몸이 다하는 날까지 위태롭지 않다.

*

致虛極 守靜篤 萬物竝作 吳以觀復 夫物芸芸 各復歸其根

歸根曰靜 是謂復命 復命曰常 知常曰明 不知常 妄作凶

知常容 容乃公 公乃王 王乃天 天乃道 道乃久 沒身不殆

치허극 수정독 만물병작 오이관복 부물운운 각복귀기근

귀근왈정 시위복명 복명왈상 지상왈명 부지상 망작흉

지상용 용내공 공내왕 왕내천 천내도 도내구 몰신불태

비어 있다는 것의 의미

청산은 나를 보고 말없이 살라 하고

창공은 나를 보고 티 없이 살라 하네

사랑도 벗어 놓고 미움도 벗어 놓고

물같이 바람같이 살다가 가라 하네

이는 고려 말 나옹 선사의 시 〈청산가〉로 삶을 초탈한 마치 도에
이른 자의 온전한 삶의 자세를 엿볼 수 있습니다. 그래서 이 시를 읽
을 때마다 절로 머리가 숙여지며 가슴에 잔잔한 파문波紋이 입니다.
제2절은 1절과 같은데 3행만이 '성냄도 벗어 놓고 탐욕도 벗어 놓고'
로 다릅니다.

이 시를 보면 말 없이 티 없이 깨끗하게 살고, 사랑도 미움도 다
비우고 물같이 바람같이 초연하게 살라는 걸 알 수 있습니다. 이를
한 마디로 말하면 '공空'이라고 할 수 있습니다. 공이란 텅 비어 아무
것도 없음을 말합니다. 즉 그것이 항아리든, 쌀독이든 마음이든 비어
있음은 공인 것입니다. 그런 까닭에 비어 있다는 것은 '없음'을 말합
니다. 없다는 것은 무엇입니까. '무無'를 말합니다. 없다는 것은 없음
으로 해서 다소 불편할 뿐 그로인해 잘못 되는 일은 극히 드뭅니다.

그러나 찼다는 것은 무엇입니까. 가득하다는 것입니다. 가득하다는 것은 '만滿'을 말합니다. 가득하다는 것은 풍요로울지는 모르나 그로인해 잘못되는 일이 많습니다. 가득 채우고 사는 이들 중엔 더 가득 채우려다 죄를 범하는 일이 많습니다. 그로인해 패가망신을 하기도 하지요.

물론 사람이 비어서는 살 수는 없습니다. 살아가는 데 필요한 것은 갖춰야 합니다. 그래야 사람으로서의 삶을 영위할 수 있기 때문입니다.

그러나 무리하게 더 채우려고 하다 보니 문제가 생기고, 그로인해 삶의 나락으로 떨어지는 것입니다. 그런 까닭에 비었다는 것은 아무것도 없는 것이 아니라, 갖출 것은 갖추되 불필요한 것까지 갖출 필요는 없다는 것입니다. 이에 대해 법정 스님은 '무소유'라 했는 바, 이런 삶을 사는 것이야말로 '청빈한 삶'이요, '비움의 삶'이라고 할 수 있습니다.

그렇다면 이런 삶을 살기 위해서는 어떻게 해야 할까요? 그것은 마음의 문제입니다. 사람이 마음을 비우게 되면 거짓이 없고, 탐욕이 없게 됩니다. 거짓이 없으면 진실하게 되고, 탐욕이 없으면 죄로부터 멀어지게 됩니다.

그런데 마음을 비우기란 쉽지 않습니다. 사람에겐 오욕칠정五慾七情이란 것이 있어 이를 제어할 수 있어야 마음을 비울 수 있기 때문입니다. 그런 까닭에 비우고 산다는 것이 그 어떤 것보다 더 힘들다고 하는 것입니다.

◇◇◇

비어 있음의 극치에 이르게 되면 참된 고요함을 지키라.

만물이 모두 일어날 때 그들의 되돌아감을 눈여겨본다.

만물은 무성하게 뻗어 가나 저마다 그 뿌리로 돌아간다.

이를 일러 명을 회복한다고 한다.

명을 회복하는 것을 상이라 하고, 상을 아는 것을 명이라 하는 바,

상을 알지 못하면 흉한 일을 당하게 된다.

致虛極 守靜篤 萬物竝作 吾以觀復 夫物芸芸 各復歸其根

歸根曰靜 是謂復命 復命曰常 知常曰明 不知常 妄作凶

치허극 수정독 만물병작 오이관복 부물운운 각복귀기근

귀근왈정 시위복명 복명왈상 지상왈명 부지상 망작흉

이는 노자가 《도덕경》 제16장에서 한 말로 노자는 '비어 있음의
극치에 이르게 되면 참된 고요함을 지키라.'고 말합니다. 비어 있다
는 것은 무엇입니까? 텅 비어 아무것도 없다는 것입니다. 아무것도
없으니 고요할 수밖에 없는 것입니다. 그런데도 사람들은 이를 잘
행하지 못합니다. 그런 까닭에 노자는 참된 고요함을 지키라고 한
것입니다. 왜냐하면 만물이 모두 일어날 때 그들이 되돌아가게 됨을
보기 때문입니다.

만물이란 무성하게 뻗어나가 영원할 것 같지만, 결국엔 저마다 제

뿌리로 돌아가는 것입니다. 노자는 이를 명明을 회복한다고 말합니다. 그리고 명을 회복하는 것을 상常이라 하는데, 이는 영원함을 말합니다. 그리고 이를 '명明' 즉 '밝음'이라 말하며, '상常' 즉 '영원함'을 알지 못하면 흉한 일을 당한다고 말합니다.

이어 노자는 '지상용 용내공 공내왕 왕내천 천내도 도내구 몰신불태知常容 容乃公 公乃王 王乃天 天乃道 道乃久 沒身不殆'라고 말합니다. 이는 '상을 알면 너그러워지고 너그러워지면 공평해진다. 공평해지면 왕같이 되고, 왕같이 되면 하늘처럼 된다. 하늘처럼 되면 도에 부합 되고, 도에 부합되면 영원히 사나니, 몸이 다하는 날까지 위태롭지 않다.'는 뜻입니다. 그러니까 영원한 것을 알면 너그러워져서 공평해지고, 그렇게 되면 왕같이 되어 하늘처럼 된다고 말합니다. 그리고 하늘처럼 되면 도와 같이 되어 영원히 살게 되고, 목숨이 다하는 날까지 위태로움을 겪지 않는다고 말합니다. 그렇습니다. 마음을 비우게 되면, 욕심으로부터 멀어지게 되고, 그렇게 되면 죄에서 멀어져 두렵지 않고, 그런 까닭에 사는 날까지 위태롭지 않은 것입니다.

그러나 가득 채우고 사는 사람은 비울 줄을 모릅니다. 가졌음에도 더 가지려고 혈안이 되어 두리번거립니다. 그러다 보니 사악한 일을 벌이게 되고 나중에는 있는 것까지 빼앗기고 맙니다.

노자가 말하는 '비움'의 참된 의미는 진실로 마음을 텅 비울 수 있을 때를 말합니다. 이런 비움엔 그 어떤 탐욕도 들어가지 못합니다. 그런 까닭에 참된 비움을 아는 사람은 세속에 물들지 않고, 천명天命을 따름으로써 영원에 이르는 것입니다. 그렇다고 해서 누구나 이렇게 살 수는 없습니다. 사람마다 성격이 다르고 삶의 규모에 따라 정도의 차이가 있겠지만, 자신이 살아가는 데 불편하지 않을 정도만 지니고 산다면, 그것만으로도 족한 것입니다. 불필요한 것까지 소유하려고 하니까 문제가 생기는 것입니다.

"군자와 소인의 구별은 의義와 이利에 있다. 군자는 주로 의를 존중하지만, 소인은 이로움을 존중하기에 고심한다. 그런 까닭에 어떤 방법으로든 소인을 잘 일러 주어 이로운 사람이 되도록 하는 것이 가장 참된 군자의 도의심이다."

이는 공자가 한 말로 군자는 '의' 즉 '옳음'을 따르지만, 소인은 '이로움'을 따른다는 것을 알 수 있습니다. 여기서 '의'란 다의적인 의미가 있습니다. 이를 노자의 관점에서 본다면, 의란 '마음을 비우는 것'이라고 할 수 있습니다. 마음을 비우면 의로움을 벗어나 불의하지 않기 때문입니다. 그리고 이로움이란 '마음을 지우지 못함' 즉 '탐욕'이라고 할 수 있습니다. 그러기 때문에 불의한 일도 마다하지 않는 것입니다.

누차 말하지만 50대는 생각이 많은 시기입니다. 특히, 삶이 윤택하지 않으면 물질을 쌓는 일에 눈을 돌리게 되고 마음을 두게 됩니다. 이럴 때 자칫 탐욕에 빠지게 되고, 의롭지 못한 일에 발을 들여 놓게 됩니다. 이에 대해 나는 아니라고 할지 모르나 탐욕은 도적과 같아, 방심하면 언제나 마음을 치고 들어온다는 것을 유념해야 하겠습니다.

비우기 위해서는 각고의 노력이 필요하다

비운다는 것은 그것이 물욕이든, 명예욕이든, 사행성이든, 자리욕심이든, 색욕이든, 식탐이든, 즐기고 싶은 마음이든 그 무엇일지라도 쉽지 않습니다. 이는 많고 적음의 차이일뿐 인간이라면 누구에게나 있는 본능입니다. 적으면 문제될 게 없지만 많으니까 문제인 것입니다.

가령, 즐기며 놀고 싶은 마음 때문에 할 일을 하지 못한다면 이 또한 즐기고 놀고 싶은 탐욕인 것입니다. 이렇게 해서는 그것이 공부든, 일이든 그 무엇일지라도 제대로 할 수 없습니다. 그런 마음을 마음으로부터 완전히 비워내야만 할 수 있습니다. 이에 대한 이야기입니다.

중국 당나라 때 시인으로 두보杜甫와 함께 중국 역사상 최고의 시인으로 추앙받는 이백李白. 이백이 집을 떠나 상의象宜산에 들어가 글 공부에 전념하던 시절이었습니다. 문재에 뛰어난 그도 매일 똑같은 일을 반복하는 것이 때로는 지겹고 고리타분했습니다. 참다못한 그는 집에 돌아가기 위해 산을 내려가기로 결심했습니다. 집에 간다는 생각에 그의 마음은 들떠 있었습니다. 그가 시냇가에 이르렀을 때였습니다. 그는 바위에 도끼를 갈고 있는 한 노파와 만났습니다. 그 모습이 하도 이상하여 이백은 가던 길을 멈추고 무슨 일로 도끼를 바위에 가느냐고 물었습니다.

"할머니, 무엇을 하시기에 도끼를 바위에 가시는 겁니까?"

"바늘을 만들려고 한다."

노파는 바늘을 만들기 위해서라고 말했습니다. 이백은 의아한 생각에 어떻게 도끼가 바늘이 될 수 있느냐고 재차 물었습니다.

노파는 빙그레 웃으며 말했습니다.

"그 이유는 간단하단다. 도끼를 갈 때 힘들다고 중간에 포기하지 않으면 되지."

중간에 포기만 하지 않으면 만들 수 있다는 노파의 말에 이백의 가슴은 뜨끔거렸습니다. 꼭 자신을 두고 하는 말같았기 때문입니다. 순간 열심히 공부를 해야겠다고 생각을 굳힌 이백은 자신에게 깨달음을 준 노파에게 절을 올리고 산으로 되돌아갔습니다.

이후 그는 이전과는 다른 자세로 학문에 정진한 끝에 최고의 시인이 되었습니다. 이백이 자신의 뜻을 이룰 수 있었던 것은 자신과의 싸움을 이겨냈기 때문입니다.

이는 《신당서新唐書》〈문예전文藝傳〉과 《방여승람方興勝覽》에 나오는 이야기로 마부작침磨斧作針이란 말이 생긴 유래입니다. 마부작침이란 '도끼를 갈아 바늘을 만든다는 뜻으로 불가능해보이는 것도 포기하지 않고 끝까지 하면 해낼 수 있음'을 의미합니다.

이백 같은 문재도 공부하는 것이 지겨워 집으로 돌아가려고 했습니다. 이는 무엇을 말하는 걸까요? 이 또한 노자의 관점에서 본다면, '마음을 비우지 못함'이라고 할 수 있습니다. 즉, 포기하고 남들처럼 즐기며 지내고 싶은 탐욕인 것입니다. 만일 이백이 공부가 지루하고 지겨워서 포기하고 집으로 갔다면, 그는 당나라 최고의 시인이 되지 못했을 겁니다. 그러나 노파를 통해 깨달음을 얻은 그는 다시 돌아가 공부에 전념함으로써, 즉 '마음을 비우고 참된 고요함'에 처함으로써 본래 자신의 뜻을 이룰 수 있었던 것입니다.

이렇듯 비운다는 것은 그 의미가 매우 다의적입니다. 앞에서도 말했듯이, 그것이 무엇이든 비우지 못하면 탐욕이 되고, 그렇게 되면 결국 그로인해 사는 날까지 위태로운 것입니다. 그렇습니다. 무엇이든 비우며 살기 위해서는 이백이 그러했듯이 각고의 노력이 따르는 것입니다. 크든 작든 노력 없이 되는 것은 아무 것도 없습니다. 자신이 하고자 하는 일을 꼭 이루고 싶다면, 그 일을 방해하는 것은 모두 비우기 바랍니다. 그것이야말로 참된 비움이기 때문입니다.

비울 것은 비우고 채울 것은 채워라

마음으로부터 비워야 할 것은 물질을 탐하는 탐욕, 남을 시기하는 마음, 남을 비난하는 마음, 거짓말하는 마음, 자리에 대한 욕심, 질투하는 마음, 오욕五慾, 명예욕 등입니다. 이러한 것들은 지나치면 반드시 스스로에게 해가 되게 하고, 남에게도 해가 되게 하고, 나아가 사회적으로도 해를 끼치게 됩니다. 반면, 마음에 채워야 할 것은 사랑하는 마음과 배려, 양보하는 마음, 예를 행하는 마음, 정직한 마음, 효를 행하는 마음, 나누는 마음 등입니다.

이렇듯 비워야 할 것들은 비생산적인 마음이라는 것을 알 수 있습니다. 그런 까닭에 비워야 할 것을 비워야 하는 것입니다. 그러나 채워야 할 것들은 생산적인 마음이라는 것을 알 수 있습니다. 그런 까닭에 채워야 할 것들은 채워야 하는 것입니다. 그런데 대개의 사람들은 채워야 할 것은 멀리하고, 비워야 할 것에만 열을 올립니다. 그러다 보니 노자가 말하는 도道에 이르지 못하는 것입니다. 하지만 도를 알게 되면 그 어떤 것도 채우려고 하지 않습니다. 그것은 도를 체득하는 데 아무런 도움이 되지 않기 때문입니다.

◇◇◇

도를 보존하려는 사람은 채우려고 하지 않는다.

채우려고 하지 않기 때문에 멸망하지 않고 새롭게 만들어진다.

保此道者 不欲盈 夫唯不盈 故能蔽而新成

보차도자 불욕영 부유불영 고능폐이신성

이는 노자의 《도덕경》 제15장에 나오는 말로 '도를 보존하려는 사람, 즉 도를 체득한 사람은 채우려고 하지 않기에 멸망하지 않고, 새롭게 만들어진다는 것'을 알 수 있습니다. 그러니까 도를 깨우친 사람은 사람들이 채우려고 하는 것에 마음을 두지 않는다는 것입니다. 그것이 자신에게 아무런 도움이 되지 않는다는 것을 알기 때문입니다. 이를 좀 더 부연해서 말한다면, 세속적인 것엔 관심을 두지 않는다는 것이지요. 그것은 도를 더럽히는 일이며, 스스로를 더럽히는 일이기 때문이지요. 그런 까닭에 도를 깨우친 사람은 사라지지 않고 새롭게 만들어지는 것인데, 이는 늘 새롭게 살아간다는 것을 의미합니다.

그러나 도를 체득하지 못한 사람은 비우는 일에는 무관심하고 오직 채우는 일에만 관심을 두지요. 그런 까닭에 도와는 멀리 떨어져 있고, 세속적인 것에만 집착하는 것입니다. 세속적인 것은 그것이 무엇이든 달콤하고 유혹적이지요. 그런 까닭에 멸망에 이르고, 새롭게 만들어지지 않는 것입니다.

도를 체득한다는 것은 참으로 어려운 일입니다. 그것은 신에 가까운 일이기 때문입니다. 그런 까닭에 도는 체득하지 못할지라도 채우려고만 하지 말아야 합니다. 비우지 못하고 채우려고 하기 때문에 문제가 생기는 까닭이지요.

그럼 사람들은 왜 채우려고만 하는 걸까요? 그것은 만족을 모르기 때문입니다. 만족을 모르니까 자꾸만 채우려고 하는 것입니다. 하지만 도를 체득한 사람은 그 자체가 만족이기에 그 어떤 것도 채우려고 하지 않는 것입니다.

> "만족함을 아는 사람은 가난하고 지위가 없어도 즐거워 한다.
> 만족함을 알지 못하는 사람은 부자가 되고 벼슬에 올라도 근심한다."

이는 《열자列子》에 나오는 말로 자신의 현실에 만족한다면, 도를 깨치지는 못했어도 이는 도를 행하는 것과 같다고 할 수 있습니다.

그러나 만족하지 못하면 아무리 부자가 되고, 지위가 오른다 해도 만족하지 못합니다. 욕심이란 끝이 없기 때문입니다. 그렇습니다. 자신의 삶에 만족하기 위해서는 어느 선에서 멈출 수 있어야 합니다. 그래야 행복을 느낌으로써 긍정적인 삶을 살아가게 됩니다. 하지만 멈출 줄 모르면 창고가 넘치도록 쌓아 놓고도, 불평을 하고 행복을 느끼지 못하는 것입니다.

"사람은 누구나 자신의 행복을 만드는 대장장이다."

이는 서양 격언으로 이 말처럼 자신의 행복은 자신이 만드는 것입니다. 다만 욕심을 버리고 스스로를 만족할 줄 알 때만이 가능하기에, 이를 마음에 새겨 실천하는 것이 무엇보다 중요하다고 하겠습니다.

07

큰 덕은 도를 따르는 데서 온다

큰 덕의 모습이란 오로지 도를 따르는 데서 나온다.

도라고 하는 것은 황홀하다.

황홀하기 그지없지만 그 안에 형상이 있다.

황홀하기 그지없지만 그 안에 사물이 있다.

그윽하고 어둡지만 그 안에 정미함이 있다.

정미함은 지극히 참된 것으로서 그 안에는 믿음이 있다.

예부터 이제까지 그 이름 없은 적이 없으니,

그것으로써 만물의 시원을 볼 수 있다.

내가 어떻게 만물의 시원 형상을 알 수 있었겠는가.

바로 이 때문이다.

*

孔德之容 惟道是從 道之爲物 惟恍惟惚 惚兮恍兮

其中有象 恍兮惚兮 其中有物 窈兮冥兮 其中有精

其精甚眞 其中有信 自古及今 其名不去 以閱衆甫

吳何以知衆甫之狀哉 以此

공덕지용 유도시종 도지위물 유황유홀 홀혜황혜

기중유상 황혜홀혜 기중유물 요혜명혜 기중유정

기정심진 기중유신 자고급금 기명불거 이열중보

오하이지중보지상재 이차

덕이란 무엇인가

덕德의 사전적 의미는 '도덕적·윤리적 이상실현을 위한 사려 깊고 인간적인 성품', '공정하고 남을 넓게 이해하고 받아들이는 마음이나 행동', '베풀어준 은혜나 도움' 등을 말합니다. 그러니까 '도덕적으로나 윤리적으로 이상 즉 바라는 것들을 실현함에 있어 사려 깊게, 매사에 있어 공평하고 바르게 남을 이해하는 마음으로, 베풀고 도와주는 인자하고 너그러운 성품'을 말한다고 하겠습니다. 그런 까닭에 덕에 대해 이르는 여러 말들이 있는데, 그중 몇 가지만 살펴보는 것만으로도 덕에 대해 깊고 폭넓은 이해가 따르리라고 생각합니다.

인자무적 仁者無敵

이는 《맹자孟子》 〈양혜왕장구상편梁惠王章句上篇〉에 나오는 말로, '어진 사람에게는 적이 없다.'는 뜻인데 이 말의 배경에는 다음과 같은 일화가 있습니다.

춘추전국시대 맹자가 처음으로 유세에 나서 양梁나라 혜왕惠王과 마주하였습니다. 양혜왕이 맹자에게 말했습니다.

"우리 진나라가 천하에 최대강국이었던 것은 선생께서도 잘 아시지요? 그런데 과인의 대에 와서는 동으로는 제나라에 패하여 큰아들이 죽고, 서쪽으로는 진秦나라에게 국토를 칠백 리나 빼앗겼으며, 남으로는 초나라에게 수치를 당했습니다. 과인은 이를 부끄럽게 생각하여 죽은 사람을 위하여 한번 설욕을 하려고 하는데 어떻게 하면 좋겠는지요?"

이에 맹자가 말했습니다.

"영토가 사방 백 리면 그것으로도 왕노릇을 할 수 있는 것입니다. 왕께서 만일 어진 정치를 백성들에게 베풀어 형벌을 신중하게 살피고, 세금을 적게 하면 백성들은 즐거이 발을 갈고 농사를 지을 것입니다. 건강한 사람은 여가를 이용하여 효도와 공경, 충성과 덕을 닦아 집에 들어가서는 그 부형을 섬기며, 밖으로 나와서는 자신의 윗사람과 임금을 섬길 것이니, 그렇게 하면 몽둥이를 들고서도 진나라와 초나라의 굳은 갑옷과 날카로운 병장기를 치게 할 수 있을 것입니다. 저들이 백성의 농사철을 빼앗아 밭 갈고 김 매어 그들의 부모를 봉양치 못하게 하면 부모가 추위에 얼고 굶주리며, 형제와 처자가 흩어질 것입니다. 저들이 그 백성을 곤경에 빠뜨리는데 왕께서 가셔서 바로 잡으면 누가 임금께 대적하겠습니까? 그래서 이르기를 '어진 사람은 적이 없다고 했으니, 청컨데 왕께서는 의심하지 마십시오."

양혜왕은 분노에 사로잡혀 전쟁에 진 치욕을 씻기 위해 그 방법을 알려 달라고 했지만, 맹자는 인자한 마음으로 백성을 사랑하여 세금을 줄이고 농사를 짓게 하며 부모에게 효도하고 임금에게 충성하는 마음을 갖도록 하는 것이라고 말했습니다. 즉 어진 마음으로 통치를 하면 물리적인 힘을 쓰지 않더라도 능히 적을 이길 수 있다는 말입니다.

왜 그럴까요? 덕을 지니고 있는 것만으로도 누구에게나 거부감을 주지 않음으로써 사람들에게 친근감을 준다는 것을 알 수 있습니다. 덕이 있는 사람은 온화하고, 말은 부드럽고, 행동은 품위가 넘치기 때문입니다. 그런 까닭에 처신함에 있어 가벼이 행동하지 않음으로써 사람들로부터 칭송을 받는 것입니다. 이처럼 적을 두지 않는다는 것은 그만큼 도덕적으로 성품이 뛰어나다는 것을 의미합니다.

가고가하加高加下

이는 '어진 사람은 지위의 높고 낮음을 가리지 않는다.'라는 뜻으로, 어진 사람은 편견을 갖지 않고 누구나 평등하게 대한다는 것을 알 수 있습니다. 이는 무엇을 말하는 걸까요? 사람은 지위고하, 빈부격차, 신분태생을 떠나 저마다 인격권을 가지고 있기 때문입니다. 이를 천부인권天賦人權이라고 하는 바, 이는 '하늘이 사람에게 평등하게 부여한 권리'를 말합니다.

영국의 철학자이자 정치사상가인 존 로크는 18세기 천부인권론을 주창하여 서양철학사에 큰획을 그었습니다. 어진 사람이 사람을 대할 때 지위의 높고 낮음이나 빈부격차, 신분태생을 가리지 않고

대하는 것은 천부인권을 실천의 덕목으로 삼고 그것을 실천하는 까닭입니다. 그런 까닭에 어진 사람은 누구에게나 존경을 받고, 높임을 받는 것입니다.

인원호재 아욕인사인지의 仁遠乎哉 我欲仁斯仁至矣

이는 공자가 한 말로 '인덕이 어디 멀리 있는 것인가, 내가 어질고자 하면 어짊에 이른다.'라는 뜻입니다. 즉, 배움과 교육, 수양을 통해 후천적인 노력으로도 얼마든지 만들 수 있다는 말입니다. 물론 사람이 어질고 그렇지 않음은 태어날 때 지닌 성품에 기인하는 바가 큽니다. 하지만 건달처럼 굴던 사람도 자신을 반성하고 몸과 마음을 닦으면 얼마든지 덕을 갖출 수 있는 까닭입니다. 이를 잘 알았던 공자는 덕을 쌓는 일이야 말로 최고의 선善으로 보았던 것입니다.

공자의 사상의 핵심은 '인仁' 즉 '어짊'입니다. 공자는 이를 모든 도덕의 최고 이념으로 삼고, 실천하기를 가르침으로 삼고 주장하였습니다. 여기서 '어짊'은 '덕'을 지니지 못하면 행할 수 없는 행위인 것입니다. 인간의 본바탕에 덕이 있어야 어질게 행할 수 있기 때문이지요. 이런 관점에서 볼 때, 덕이란 매우 높은 도덕적인 가치를 지녔다는 것을 알 수 있습니다. 노자가 인간의 삶에 있어 덕을 주요 덕목으로 삼은 이유가 바로 여기에 있는 것입니다.

◇◇◇

큰 덕의 모습이란 오로지 도를 따르는 데서 나온다.

도라고 하는 것은 황홀하다.

황홀하기 그지없지만 그 안에 형상이 있다.

황홀하기 그지없지만 그 안에 사물이 있다.

그윽하고 어둡지만 그 안에 정미함이 있다.

정미함은 지극히 참된 것으로서 그 안에는 믿음이 있다.

예부터 이제까지 그 이름 없은 적이 없으니,

그것으로써 만물의 시원을 볼 수 있다.

내가 어떻게 만물의 시원 형상을 알 수 있었겠는가.

바로 이 때문이다.

孔德之容 惟道是從 道之爲物 惟恍惟惚 惚兮恍兮

其中有象 恍兮惚兮 其中有物 窈兮冥兮 其中有精

其精甚眞 其中有信 自古及今 其名不去以閱衆甫

吾何以知衆甫之狀哉 以此

공덕지용 유도시종 도지위물 유황유홀 홀혜황혜

기중유상 황혜홀혜 기중유물 요혜명혜 기중유정

기정심진 기중유신 자고급금 기명불거이열중보

오하이지중보지상재 이차

이는 노자의 《도덕경》 제21장에 나오는 말로, '큰 덕의 모습이란 오로지 도를 따르는 데서 나온다고 말합니다. 그리고 도는 황홀하고, 황홀하기 그지없지만 그 안에 형상이 있다고 말합니다. 또 황홀하기 그지없지만 그 안에 사물이 있다고 말합니다. 그윽하고 어둡지만 그 안에 정미함이 있고, 그 정미함은 지극히 참된 것으로서 그 안에는 믿음이 있다고 말합니다. 예부터 이제까지 그 이름 없은 적이 없으니, 그것으로써 만물의 시원을 볼 수 있다고 말합니다. 내가 어떻게 만물의 시원 형상을 알 수 있었겠는가. 바로 이 때문이다.' 라고 말합니다.

이는 무엇을 말하는 걸까요? '덕이란 도를 따름으로 나오는데, 그 도란 것은 황홀한데 그 안에 형상이 있고, 사물이 있고, 그윽하고 어둡지만 정미함이 있으니 그 안에 믿음이 있고, 그것은 예로부터 지금까지 없어지지 않았으며, 그것을 통해 만물의 시작을 알 수 있다고 하는 것'입니다. 그리고 노자 자신이 만물의 시작을 알 수 있는 것은 바로 '도' 때문이라고 라고 말하지요. 도는 이처럼 세상의 모든 것의 시초요, 과정이요, 결과라는 것을 알 수 있습니다.

그런데 덕은 바로 그 도를 따르는 데서 나오나니, 덕을 쌓기 위해서는 반드시 도를 따라야 한다는 것을 알 수 있습니다.

이 또한 무엇을 말하는 걸까요? 덕을 쌓는다는 것은 곧 도를 따르는 것과 같이 매우 중요하고 심오하다는 것을 알 수 있습니다. 그러니까, 도는 형체는 없지만, 덕을 통해서 비로소 도의 실체가 드러나는 것이지요. 이렇듯 덕을 쌓는 일은 어렵고도 힘들지만, 그것을 쌓음으로써 현인賢人의 반열에 이르게 되고, 나아가 더 정진을 가하면 성인의 반열에 까지 오를 수 있는 것입니다.

우리는 누구나 성인이 될 수 있지만, 되지 못하는 것은 그만큼 도를 따르고 덕을 쌓은 일이 어렵기 때문입니다. 하지만 성인은 되지 못할지라도 훌륭한 인격자는 될 수 있습니다. 사람들로부터 인격자로 평가받을 수 있다는 것만으로도, 삶을 잘살고 있다는 방증이니까요.

큰 덕은 도를 따르는 데서 나온다

◇◇◇

도는 비어 있지만
아무리 사용해도 넘치지 않는다.
연못처럼 깊으면서도 만물의 근원이다.

道沖而用之 或不盈 淵兮似萬物之宗

도충이용지 혹불영 연혜사만물지종

이는 노자의 《도덕경》 제4장에 나오는 말로 도는 비어 있지만, 아무리 사용해도 마르지 않고, 연못처럼 깊으면서도 만물의 근원이라고 했습니다. 여기서 비어 있지만, 아무리 사용해도 넘치지 않는다는 것은 영원성을 말합니다. 영원성이란 사라지지 않고 언제까지든 존속한다는 것으로, 도는 참으로 크고 위대하다는 것을 알 수 있습니다. 그런 까닭에 노자는 《도덕경》 제16장에서 '천내도 도내구 몰신불태天乃道 道乃久 沒身不殆'라 했습니다. 이는 '하늘처럼 되면 도에 부합되고, 도에 부합되면 영원히 사나니, 몸이 다하는 날까지 위태롭지 않다.'는 뜻입니다. 그러니까 도는 비어 있지만 비어 있는 것이 아니라 꽉 차 있고, 그러기 때문에 아무리 사용해도 마르지 않는 것이며, 만물의 근원이 되는 것입니다.

큰 덕은 도를 따르는 데서 온다고 했는 바, 덕을 쌓기 위해서는 도를 따르고, 도를 깨치기 위해서는 무위자연을 실천해야 하는 것입니다.

김구가 세 번째 투옥으로 서대문감옥에 있을 때였다. 7, 8명을 수용하는 감방에 무려 37명에서 48명까지 수감했다. 몸을 움직이기도 힘든 최악의 환경이었다. 그러던 어느 날 잠을 자는 중 오줌을 누던 사람의 실수로 오줌통이 떨어지는 바람에 김구를 비롯해 다른 수형자들이 잠에서 깨어나 난리법석을 떨었다. 다른 수형자들은 오줌통을 떨어뜨린 사람을 향해 온갖 욕설과 악담을 퍼부어댔지만, 김구는 별 말 없이 얼굴과 몸에 묻은 오줌을 쓱쓱 닦고는 다시 누워 잤다.

이 이야기는 김구가 감옥에 갇혔을 때 있었던 일로 김구의 너그럽고 어진 마음이 다른 사람들과는 확연히 다르다는 걸 알 수 있습니다. 다른 사람들은 악담을 하고 욕설을 퍼부어 대며 그를 공격했지만, 김구는 그러지 않았습니다. 이는 무엇을 말하는 걸까요? 관인대도寬仁大度 즉, '마음이 너그럽고 어질며, 인정이 있고 도량이 크다.' 뜻으로 김구는 이 말처럼 자신에게는 엄중했지만, 타인에게는 관대하고 겸허했습니다.

세상에 내가 퍽도 어리석지. 내가 먼저 탈옥하여 혼자 쉽게 도망치려다가 그가 내게 애걸하는 모습이 눈에 아른거려 이중의 험한 곳으로 다시 들어가서 구해주었건만, 지금 내가 빈털터리로 자기를 찾는 줄 알고 나를 보면 금전적으로 손해를 볼까 봐 거절하는 것이 아닌가. 그 사람의 행실인즉 크게 꾸짖을 것도 없다.

김구가 인천감옥을 탈옥할 때 혼자 탈옥해도 됨에도 불구하고 위험을 무릅쓰고 조덕근을 비롯해 3명의 죄수를 도와주어 탈옥케 하였습니다. 탈옥을 한 후 김구가 조덕근을 찾아갔는데, 그가 이 핑계 저 핑계를 대며 나타나지 않자 김구가 그에 대한 생각으로 한 말입니다. 김구의 너그럽고 어진 성품을 잘 알게 하는 이야기입니다. 다른 사람들 같으면 목숨 걸고 구해주었더니 천하에 나쁜 사람이라고 욕을 퍼부어대고, 이 사람 저 사람마다 붙들고 흉을 보았을 것입니다.

이 두 가지 일화에서 볼 때 김구는 큰 덕을 지녔다는 것을 알 수 있습니다. 그랬기에 그는 조국의 독립을 위해 평생을 받쳤으면서도, 초대 대통령은 이승만이 되어야 한다며 그를 밀었습니다. 참으로 도량이 넓은 대인의 풍모가 아닐 수 없습니다. 하지만 이승만은 사심으로 가득 찬 사람이었습니다. 그는 김구를 극도로 경계하고, 많은 후원금을 받았으면서도 김구가 어렵게 경교장에서 지내는 것을 알고도 지원해주지 않았습니다. 그는 권력의 야욕으로 가득 찬 사람이었습니다.

이 두 사람에 대한 역사적 평가를 볼 때 김구는 영원한 독립의 상징으로 존경을 받지만, 이승만은 탐욕으로 가득 찬 독재자로 지탄을 받고 있습니다.

김구의 경우를 노자의 관점에서 본다면, '도충이용지 혹불영 연혜사만물지종道沖而用之 或不盈 淵兮似萬物之宗'이라, 즉 '도는 비어 있지만 아무리 사용해도 넘치지 않는다. 연못처럼 깊으면서도 만물의 근원이다.'라고 할 수 있습니다. 김구는 사심이 없고, 큰 덕을 갖추었기에 죽어도 죽은 것이 아니요, 우리 국민들의 가슴 속에 영원히 살아 있는 것입니다. 도를 깨치는 일은 김구와 같은 대인이 아니고는 범인으로서는 참으로 힘들고 어려운 일입니다.

그럼에도 도에 이르도록 노력해야 하는 것입니다. 그것이 사람으로서 행해야 하는 마땅한 일이기 때문입니다.

"어진 것을 근본으로 삼고 이치를 탐구함으로써 착한 것을 밝히고,
힘써 그것을 실천한다면 반드시 자신이 원하는 것을 성취할 수 있다."

이는 이이의 《격몽요결擊蒙要訣》에 나오는 말로, 이렇게 살기 위해서는 덕을 쌓아 어질게 살아가도록 노력해야 합니다. 그렇게 해야 자신이 원하는 것을 성취함으로써 스스로에게 만족할 수 있는 것입니다. 그렇습니다. 나이가 들어간다는 것은 기력이 쇠하고 늙어가는 것이 아니라, 덕을 쌓고 삶의 이치를 좀 더 깊이 있게 알아가는 일입니다. 그리고 젊은 시절 알게 모르게 저지른 과오를 벗고 마음의 짐을 덜어냄으로써 부끄러움을 남기지 않는 길을 가는 것입니다.

50대는 인생의 절반으로 새로운 인생을 시작하는 출발점입니다. 이 시점에서 지금까지의 자신의 모습을 한번 살펴보기 바랍니다. 그러고 나서 자신의 깨달은 바를 실천에 옮기면서 생산적인 시간을 만들어 가기 바랍니다. 그것이 스스로의 삶의 격格을 높이는 일이니까요.

새롭게 변하니까 사람이다

미국 제16대 대통령 에이브러햄 링컨은 그 누구보다도 배려심이 깊고 따뜻한 품성을 지닌 사람이었습니다. 이런 그의 심성은 미국 국민들의 마음을 사로잡는 데 있어 매우 중요한 역할을 했습니다. 하지만 무결점의 사람으로 여겨졌던 링컨도 처음에는 남을 매몰차게 비난하고 비평하는 소인배였습니다. 그런 그에게 작심하고 자신의 못된 비평성향을 개선하게 되는 사건이 생겼습니다.

링컨은 아일랜드 출신 정치가인 제임스 실드를 '얼빠진 정치가'라고 〈스프링필드 저널〉에서 강하게 비평했습니다. 그 기사를 보고 자존심이 상한 제임스 실드는 곧 바로 자신의 비평에 대한 잘못된 점을 시정할 것을 링컨에게 요구했습니다. 하지만 링컨은 그의 요구를 한 마디로 잘라 거절했습니다. 링컨의 비평이 자신의 정치생명에 치명적인 오류를 범할 수 있다고 판단했던 제임스 실드는 자신의 결백을 증명하기 위해 링컨에게 목숨을 걸고 도전장을 던졌습니다.

"링컨, 나의 결백을 밝히고자 하오. 그래서 나는 당신과 싸우기로 결심했소. 총으로 하든 칼로 하든 그것은 당신이 선택하시오."

하지만 링컨은 단 둘이 싸울 의사가 없었습니다.

그러나 싸움을 피한다는 것은 결국 자신의 용렬함을 만천하에 드러내는 것 같아, 그는 조언까지 들어가며 칼싸움 하는 법을 배워 제임스 실드와 결투를 벌이러 갔습니다.

두 사람은 미시시피강 백사장에 마주섰습니다. 제임스 실드는 의기양양했으나 링컨은 싸우고 싶은 마음이 전혀 없었습니다. 솔직히 싸움에 자신이 없었던 것입니다. 그런데 다행스럽게도 그들의 비범함을 잘 알고 안타까워하던 입회자당시 결투를 증명하는 사람의 간곡한 만류로 목숨을 잃을 수 있는 싸움을 중단할 수 있었습니다.

이 일을 통해 링컨은 자신의 오만함과 용렬함에 대해 많은 반성과 함께, 무심결에 뱉은 비평이 상대방과 자신에게 얼마나 무익한 일인지를 똑똑히 알게 되었습니다. 그후 링컨의 삶은 완전히 바뀌게 되었습니다. 링컨은 비평을 하는 대신 칭찬하고 격려하는 것을 삶의 모토로 삼았습니다. 그는 자신에게 도전하는 정적들에게 언제나 배려를 갖고 관대하게 대해줌으로써 오히려 상대방에게서 지지를 얻게 되었습니다. 결국 링컨은 미국 역사상 국민들의 신뢰를 듬뿍 받는 최고의 대통령이 되었던 것입니다.

링컨의 이야기는 많은 것을 생각하게 합니다. 그처럼 온화하고 인자한 링컨도 새롭게 변화하기 전에는 문제가 많았던 것입니다. 그런데 링컨은 큰 덕을 갖춤으로써 완전히 변모하였으며, 누구에게나 친절하고 겸손하게 대함으로써 훌륭한 인격자가 되었던 것입니다. 그리고 문제 있는 사람은 자신이 어떻게 처신하느냐에 따라 얼마든지 변화할 수 있다는 것을 생생하게 보여줍니다. 그렇습니다. 사람이니까 새롭게 변할 수 있고, 새롭게 변하니까 사람인 것입니다.

링컨의 일화를 노자의 관점에서 본다면, '유혜기귀언 공성사수 백성개위아자연悠兮其貴言 功成事遂 百姓皆謂我自然'이라고 할 수 있습니다. 이는 '훌륭한 지도자는 느긋하여 말을 삼가고 귀히 여기니, 공이 이루어지고 일이 잘 이루어져도 백성들은 이 모두가 내가 스스로 그렇게 된 것이라고들 말한다.'는 뜻입니다.

이는《도덕경》제17장에 나오는 말로, '지도자는 말을 적게 해야 백성의 믿음을 얻게 되고, 또 자신이 이룬 과업도 백성들이 모르게 해야 한다.'고 말합니다. 이는 무엇을 의미하는 것일까요? 지도자는 아무리 자신이 이룬 성취가 크다 하여도 내세워서는 백성들의 존경과 지지를 받는 데 문제가 있다는 것입니다. 그것은 자칫 자기 자랑이 되어 교만이 될 수 있기 때문입니다. 그렇습니다. 그런 까닭에 지도자는 느긋해야 하고, 말을 말이 해서는 덕이 안 되는 것입니다.

눌언민행訥言敏行이란 말이 있습니다. 이는 '말은 느리지만 행동은 민첩해야 한다.'는 뜻으로, 지도자가 지녀야 할 자세를 함축적으로 잘 보여줍니다. 비단 이는 지도자나 훌륭한 인품을 가진 사람만이 해야 할 자세는 아닙니다. 사람이라면 누구나 그렇게 해야 하는 것입니다. 그것이 덕을 지닌 사람으로서 해야 할 자세인 것입니다.

덕불고 필유린德不孤 必有隣

이는 《논어論語》〈이인里仁〉에 나오는 말로 '덕이 있는 사람은 외롭지 않고 반드시 이웃이 있다.'는 의미로, 이런 사람은 누구나에게 존경받고 사랑을 받습니다. 덕이 있다는 것은 말을 안 해도 스스로를 덕망 있는 사람임을 사람들에게 믿게 하는 아름다운 행위이기 때문입니다. 그렇습니다. 하늘의 뜻을 안다는 지천명인 50대들에게 있어 눌언민행의 삶의 자세는 그 어느 때보다도 중요하게 다가옵니다. 자신을 덕망 있는 사람이 되게 하느냐, 그렇지 않느냐는 오직 스스로에게 달려 있습니다. 덕망 있는 50대가 되는 데 힘을 쏟기 바랍니다.

08

발 돋음하고 서 있는 사람은
오래 서 있을 수 없다

발 돋음을 하고 서 있는 사람은 오래 서 있을 수가 없고,

다리를 벌려 걷는 사람은 오래 걸을 수가 없다,

스스로를 똑똑한 척하는 사람은 현명하지 못하고,

스스로를 옳다고 여기는 사람은 드러나지 못하며,

스스로를 자랑하는 사람은 그 공을 인정받지 못하고,

스스로를 뽐내는 사람은 오래가지 못한다.

그것을 도에서 보면 남은 음식찌꺼기이며, 군더더기 같은 행동이다.

만물은 그것을 싫어하는 까닭에 도를 터득한 자는 그것에 머물지 않는다.

*

企者不立 跨者不行 自見者不明 自是者不彰 自伐者無功

自矜者不長 其在道也 曰餘食贅行 物或惡之 故有道者不處

기자불립 과자불행 자견자불명 자시자불창 자벌자무공

자긍자부장 기재도야 왈여식췌행 물혹악지 고유도자불처

114

스스로를 과신하지 마라

|

과신過信이란 말이 있습니다. 이는 지나치게 믿는다는 뜻으로, 도를 넘는 것을 경계하는 의미가 담겨 있습니다. 그런 까닭에 자신을 과신한다는 것은 자칫 남들로부터 흥을 잡힐 수 있기에, 지극히 우매한 일이 아닐 수 없습니다. 과신은 대개 자신의 부족함을 상대에게 감추기 위한 꼼수에 불과하기 때문입니다. 그런 까닭에 얼마 동안은 모르지만 시간이 지나다 보면 은연중에 다 드러나는 법입니다. 마치 뿌리 약한 나무가 작은 비바람에도 쓰러지듯 근본이 탄탄하지 못한 까닭입니다.

◇◇◇

발 돋음을 하고 서 있는 사람은 오래 서 있을 수가 없고,

다리를 벌려 걷는 사람은 오래 걸을 수가 없다,

스스로를 똑똑한 척하는 사람은 현명하지 못하고,

스스로를 옳다고 여기는 사람은 드러나지 못하며,

스스로를 자랑하는 사람은 그 공을 인정받지 못하고,

스스로를 뽐내는 사람은 오래가지 못한다.

그것을 도에서 보면 남은 음식찌끼기이며, 군더더기 같은 행동이다.

만물은 그것을 싫어하는 까닭에 도를 터득한 자는 그것에 머물지 않는다.

企者不立 跨者不行 自見者不明 自是者不彰 自伐者無功

自矜者不長 其在道也 曰餘食贅行 物或惡之 故有道者不處

기자불립 과자불행 자견자불명 자시자불창 자벌자무공

자긍자부장 기재도야 왈여식췌행 물혹악지 고유도자불처

이는 노자의 《도덕경》 제24장에 나오는 말로, 이를 몇 가지 관점에서 살펴보도록 하겠습니다.

첫째, 발 돋음을 하고 서 있는 사람은 오래 서 있을 수가 없습니다. 오래 서 있기 위해서는 다리를 바르게 하고, 두 발을 땅에 가지런히 한 채 서 있어야 합니다. 오른쪽이나 왼쪽으로 조금만 기울여도, 한참 있다 보면 자세가 흐트러져 오래 서 있을 수 없습니다.

그런데 하물며 발돋음을 하고 서 있다 보면 얼마 안 가 휘청거리다 쓰러지고 맙니다. 왜 그럴까요? 무게 중심이 발끝 쪽으로 쏠리다 보니 다리에 무리가 가고, 발에 무리가 가는 까닭입니다.

둘째, 다리를 벌려 걷는 사람은 오래 걸을 수가 없습니다.

걸음을 걸을 때는 자신의 다리 길이에 맞게 보폭을 맞춰 걸어야 합니다. 보폭을 줄이거나 너무 넓게 하는 것은 좋지 않습니다. 특히,

다리를 벌려 보폭을 넓혀 걷는다면 더더욱 좋지 않습니다. 잠깐은 모르지만 오래 걸을 수가 없습니다. 지나친 보폭으로 다리가 아프기 때문이지요.

셋째, 스스로를 똑똑한 척하는 사람은 현명하지 못합니다.

다른 사람이 자신을 똑똑하다고 인정해주기 전엔 스스로 자신을 똑똑하다고 여기는 것은 지극히 어리석은 일입니다. 그것은 스스로 자신의 얼굴에 침을 뱉는 것과 같이 아둔한 일입니다.

"나무는 그 열매로 알려지고, 사람은 일로 평가된다."

이는《탈무드》에 나오는 말로 나무가 열매로 알려지듯, 사람은 그 사람의 일 즉 능력으로 평가받는 것입니다. 그런 까닭에 똑똑하고 아니고는 남들이 평가하는 것입니다.

넷째, 스스로를 옳다고 여기는 사람은 드러나지 않습니다.

사람들 중엔 다른 사람은 틀리고 자신만이 옳다고 주장하는 사람이 있습니다. 이는 교만함이며 스스로를 바보로 만드는 일입니다. 이는 눈 가리고 아웅 하는 것과 같아, 얕은 수를 부리다 스스로 자신이 파놓은 함정에 빠지는 것과 같기 때문입니다. 또한 스스로를 드러내기는커녕 부끄럽게 하는 일인 까닭에 삼가야 합니다.

다섯째, 스스로를 자랑하는 사람은 그 공을 인정받지 못하고, 스스로를 뽐내는 사람은 오래가지 못합니다.

자신이 한 일에 대해 자랑하고 스스로를 칭찬하는 일은, 눈살을 찌푸리게 하고 조롱거리가 되는 일입니다. 남이 자신을 알아주고 칭찬하기 전에는 스스로 자랑하고 칭찬하는 것을 조심해야 합니다. 사람들은 그런 사람을 신뢰하지 않기 때문입니다.

"남이 자기를 칭찬하여도 자기 입으로 자기를 칭찬하지 마라."

이는 《탈무드》에 나오는 말로 남이 자신을 칭찬할 때, 그거야 말로 기분 좋은 일이지만, 스스로 자랑하고 칭찬하는 것을 삼가기 바랍니다.

노자는 '기재도야 왈여식췌행 물혹악지 고유도자불처其在道也 曰餘食贅行 物或惡之 故有道者不處'라고 말했습니다. 이는 '그것을 도에서 보면 남은 음식찌꺼기이며, 군더더기 같은 행동이니, 만물은 그것을 싫어하는 까닭에 도를 터득한 자는 그것에 머물지 않는다.'고 말합니다. 그렇습니다. 이 모두는 스스로를 과신해서 생기는 일입니다. 그런 까닭에 과신은 절대금물입니다.

"마음은 겸손하고 허탈하게 가져야 한다.
마음이 겸손하고 허탈하면 곧 의리라는 것이 들어와 자리 잡는다.
마음속에 의리라는 것이 들어와 자리를 잡게 되면,
자연 그 마음속에 허욕이라는 것이 들어가지 못한다."

이는 《채근담採根譚》에 나오는 말로, 왜 마음을 겸손하게 가져야 하는지를 잘 알게 합니다. 마음이 겸손하면 허욕虛慾을 부리지 않기 때문입니다. 자신을 자랑하고, 칭찬하고, 과신을 부리는 것은 다 허욕에서 비롯되는 까닭입니다. 이를 경계하고 또 경계해야 하겠습니다.

지나친 과신은 자신을 망치는 일이다

동서고금을 막론하고 과신을 부림으로써 자신을 멸망에 이르게 하여 헛된 삶을 살았던 이들을 볼 수 있습니다. 그런 부류의 사람들은 자신의 뛰어남을 너무 과신한 나머지 정도正道를 지나쳤기 때문입니다. 정도를 벗어난다는 것은 곧 과오過誤를 범하는 일인 것입니다. 그리고 과오를 범하는 것은 자신을 잘못된 길로 가게 하고, 그것이 지나치면 멸망에 이르게 되지요. 과신이 스스로에게 미치는 영향이 얼마나 비생산적이고 참혹한 일인지를 잘 보여주는 이야기가 있습니다.

임진왜란 때 이순신 장군과 신립 장군은 명장으로서 크게 활약했습니다.

　그런데 이 둘은 같은 점도 있지만 다른 점이 더 컸습니다. 이순신은 부드러움과 강함을 동시에 지닌 장군이었습니다. 그는 강할 땐 누구보다도 강하고 부드러울 땐 누구보다도 부드러웠습니다. 이순신은 절대 자신을 과신하지 않았으며 언제나 상황에 맞게 부드러움과 강함을 조절할 줄 알았습니다. 이순신이 임진왜란을 전승으로 이길 수 있었던 것은 자신을 과신하지 않고 순응의 법칙 즉 조화로움을 잘 적용시켰기 때문입니다.

　그러나 신립장군은 달랐습니다. 그는 온성부사로 있을 때 조선을 침입한 여진족 추장 니탕개를 물리치고 6진을 보존한 용맹한 장수로 이름이 높았습니다. 그로인해 선조의 신임을 얻고 조정의 지지를 받았습니다. 하지만 그는 용맹한 반면 부드럽지 못했습니다. 자신에 대한 믿음이 너무 크다 못해 과신하였습니다. 이를 잘 알게 하는 일화입니다.

　임진왜란이 일어나기 전 서애 류성룡은 신립과 자리를 함께한 적이 있었습니다. 그때 류성룡이 그에게 말했습니다.

　"변란이 곧 있을 것 같은데 장군이 이를 맡아야 할 것이네. 장군은 왜군을 어떻게 생각하는가?"

　"두려울 것이 없습니다."

　신립은 곧장 이렇게 말했습니다. 이에 류성룡이 말했습니다.

　"그렇지 않다고 생각하네. 전에는 왜가 간단한 무기만 가졌지만,

지금은 조청을 가지고 있질 않은가?"

"조총을 가지고 있다고 하나 어찌 다 맞출 수 있겠습니까?"

"나라가 오랫동안 평안하여 병사들이 겁약하니 변란이 일어나면 힘들 것이네. 내 생각으로는 수년 후에 사람들이 훈련이 잘되어도 변란이 나면 막을 수 있을지 심히 우려된다네."

류성룡은 신립의 말에 이리 말했지만 신립은 도무지 알아듣지 못했다고 합니다. 이는 무엇을 말하는 걸까요? 신립이 우매하고 어리석어서가 아니라 지나치게 자신을 과신했다는 데 있습니다. 결국 그는 탄금대에서 배수진을 쳤으나 왜군에게 패하고 자결하고 말았습니다.

신립이 불행한 최후를 맞은 것은 자신을 과신한 나머지 깊이 살펴 적을 막지 못한 까닭입니다. 신립의 경우에서 보듯 과신은 생각의 눈을 멀게 합니다. 그러다보니 깊이 생각하지 않고, 자신의 능력의 한계를 벗어나는 일도 서슴지 않습니다.

신립의 일화를 노자의 관점에서 본다면, '기자불립 과자불행 자견자불명 자시자불창 자벌자무공 자긍자부장企者不立 跨者不行 自見者不明 自是者不彰 自伐者無功 自矜者不長'이라, 즉 '발 돋음을 하고 서 있는 사람은 오래 서 있을 수가 없고, 다리를 벌려 걷는 사람은 오래 걸을 수가 없다. 스스로를 똑똑한 척하는 사람은 현명하지 못하고, 스스로를 옳다고 여기는 사람은 드러나지 못하며, 스스로를 자랑하는 사람은 그 공을 인정받지 못하고, 스로를 뽐내는 사람은 오래가지 못한다.'와 같다고 하겠습니다. 그렇습니다. 만일 신립이 이순신처럼 과신하지 않고 매사를 겸손하고 철저하게 준비하는 자세를 취했다면 그런 불미한 일은 없었을 것입니다. 이처럼 정도를 벗어나는 것은 자신은 물론 주변 모두를 불행하게 하는 일이 될 수 있음을 깊이 유념해야 합니다.

춘추전국시대 위나라의 유학자 중에 자공子貢이라는 이가 있었습니다. 그의 본명은 단목사이지만 그는 자공으로 불리였습니다. 그는 정치적 능력이 뛰어나 노나라, 위나라의 재상을 지냈습니다. 그는 공자가 무척이나 아끼는 제자였습니다.

어느 날 자공이 공자에게 물었습니다.

"선생님, 동문의 자장子長과 자하子夏는 어느 쪽이 어집니까?"

이에 공자가 말했습니다.

"자장은 지나치고, 자하는 미치지 못한다."

이에 자공이 또 다시 물었습니다.

"선생님, 그런 자장이 낫다는 말씀입니까?"

이에 공자가 말했습니다.

"지나친 것은 미치지 못한 것과 다를 바가 없다."

이는 과유불급이란 말이 생긴 유래로, 정도가 지나친 것은 오히려 모자람과 다름없다는 의미로 중용中庸을 강조한 말입니다. 그렇습니다. 넘침은 오히려 미치지 못함과 다름없으니, 이를 경계함으로써 잘못될 여지를 만들지 않아야겠습니다.

굽으면 온전해지고 구부리면 곧아질 수 있다

◇◇◇

굽으면 온전해지고 구부리면 곧아질 수 있고,

움푹 파이면 채워지고 해어지면 새로워지고,

적으면 얻게 되고 많으면 미혹되게 된다.

그런 까닭에 성인은 '하나'를 품어 천하의 본보기가 된다.

스스로를 드러내려 않으므로 밝게 빛나고,

스스로 옳다 하지 않기에 돋보이고,

스스로 자랑하지 않기에 그 공을 인정받게 되고,

스스로 뽐내지 않기에 오래간다.

겨루지 않기에 천하가 그와 더불어 겨루지 못한다.

옛날에 이르기를 굽으면 온전해지라고 한 것이 어찌 빈말이겠는가.

진실로 온전함으로 돌아가라.

曲則全 枉則直 窪則盈 幣則新 少則得

多則惑 是以聖人抱一爲天下式 不自見故明

不自是故彰 不自伐故有功 不自矜故長 夫唯不爭

故天下莫能與之爭 古之所謂 曲則全者 豈虛言哉 誠全而歸之

곡즉전 왕즉직 와즉영 폐즉신 소즉득

다즉혹 시이성인포일위천하식 부자견고명

부자시고창 부자벌고유공 부자긍고장 부유부쟁

고천하막능여지쟁 고지소위 곡즉전자 개허언재 성전이귀지

이는 노자의 《도덕경》 제22장으로 노자는, '굽으면 온전해지고 구
부리면 곧아질 수 있고, 움푹 파이면 채워지고 해어지면 새로워지
고, 적으면 얻게 되고 많으면 미혹되게 된다. 그런 까닭에 성인은 하
나를 품어 천하의 본보기가 된다. 스스로를 드러내려 않으므로 밝게
빛나고, 스스로 옳다 하지 않기에 돋보이고, 스스로 자랑하지 않기
에 그 공을 인정받게 되고, 스스로 뽐내지 않기에 오래간다. 겨루지
않기에 천하가 그와 더불어 겨루지 못한다. 옛날에 이르기를 굽으면
온전해지라고 한 것이 어찌 빈말이겠는가. 진실로 온전함으로 돌아
가라.'고 말했습니다.

이는 반어적인 의미를 지니는 말입니다. 굽는다는 것은 부정적인
것인데 오히려 온전해지고, 구부리는 것 또한 부정적인 것인데 곧아
진다는 것은 곧 자신을 낮추는 행위와도 같다고 하겠습니다. 그리고
움푹 파이면 채워지고, 해어지면 새로워지고, 적으면 얻게 되고 많으
면 미혹되게 된다는 말 역시 자신을 낮추는 일입니다.

이렇게 하면 어떤 현상이 나타나는 것일까요? 이에 대해 노자는
이렇게 말합니다. '시이성인포일위천하식 부자견고명 부자시고창 부

자벌고유공 부자긍고장 부유부쟁 고천하막능여지쟁是以聖人抱一爲天下式 不自見故明 不自是故彰 不自伐故有功 不自矜故長 夫唯不爭 故天下莫能與之爭이라, 즉 '그런 까닭에 성인은 하나를 품어 천하의 본보기가 되고, 스스로를 드러내려 하지 않으므로써 밝게 빛나고, 스스로 옳다 하지 않기에 돋보이고, 스스로 자랑하지 않기에 그 공을 인정받게 되고, 스스로 뽐내지 않기에 오래가고, 겨루지 않기에 천하가 그와 더불어 겨루지 못한다.'라고 말합니다.

또한 노자는 자신의 이런 생각을 '고지소위곡즉전자 개허언재占之所謂曲則全者 豈虛言哉'라고 했는 바, 즉 '옛날에 이르기를 굽으면 온전해지라고 한 것이 어찌 빈말이겠는가.'라고 말하며 '성전이귀지 誠全而歸之'라, 즉 '진실로 온전함으로 돌아가라.'고 말합니다.

노자의 말을 한 마디로 요약한다면, 과신하지 않는 자세 즉 자신을 겸허히 처세함을 일러 말하는 것이라고 할 수 있습니다. 앞에서는 과신함을 경계하여 말했다면, 여기서는 겸허히 함으로써 일어나는 변화에 대해 매우 구체적이면서도 실체적으로 보여줌으로써 이해를 돕고 있는 것입니다.

"무릇 자기를 높이는 자는 낮아지고 자기를 낮추는 자는 높아지리라."

이는 성경누가복음 14장 11절 의 말씀으로 노자가 한 말을 단 한 문장으로 함축하여 잘 보여줍니다. 즉 겸손하라는 것입니다. 그것이 진실한 사람이 취해야 할 자세이기 때문입니다.

영국의 제46대 수상을 지낸 해롤드 맥밀란. 그는 수상직에서 물러난 후, 어느 날 전차 정류장에서 전차를 기다리고 있었습니다.

그런데 그때 한 소년이 다가왔습니다. 맥밀란은 소년과 이야기를 하게 되었습니다. 이런 저런 얘기 끝에 소년이 물었습니다.

"아저씨, 이름이 뭐예요?"

"난 맥밀란이란다."

"네에? 맥밀란이면 수상하고 이름이 똑같은데……."

"그렇지. 내가 바로 얼마 전까지만 해도 수상이었거든."

"저, 정말요?"

"그렇단다."

"와! 수상 아저씨를 다 만나게 되다니."

소년은 신기한 듯이 말했고, 갑자기 궁금증이 일었습니다.

"저, 근데 왜 전차를 타고 다니세요?"

소년은 수상이 왜 전차를 타고 다니느냐고 물었습니다.

"수상일 때는 바쁘니까 좋은 차를 타고 다녔지. 하지만 지금은 평범한 시민이거든. 그래서 전차를 타고 다닌단다."

맥밀란은 이렇게 말하며 소년의 머리를 쓰다듬었습니다.

소년은 어린 나이에도 그의 말에 깊은 감동을 받았습니다. 어린 소년의 눈에도 그가 정말 훌륭하게 비쳐졌던 것입니다. 맥밀란 같은 사람이야 말로 진정으로 품격 높은 사람입니다. 그는 자신을 겸손히 함으로써 국민들에게 존경을 받았습니다.

"시대를 움직이는 것은 사상이 아니라 인격의 힘이다."

이는 영국의 소설가 오스카 와일드의 말입니다. 맥밀란이 성공한 수상이 될 수 있었던 것은 국민과의 소통을 중요하게 여기고, 자신을 한껏 낮추어 국민을 대했기 때문이지요. 자신을 낮추는 것은 자신을 비굴하게 하는 것이 아니라 높이는 일입니다.

맥밀란의 일화를 노자의 관점에서 본다면, '시이성인포일위천하식 부자견고명 부자시고창 부자벌고유공 부자긍고장 부유부쟁 고천하막능여지쟁 고지소위곡즉전자 개허언재 성전이귀지是以聖人抱一爲天下式 不自見故明 不自是故彰 不自伐故有功 不自矜故長 夫唯不爭 故天下莫能與之爭 古之所謂曲則全者 豈虛言哉 誠全而歸之'라, 즉 '그런 까닭에 성인은 하나를 품어 천하의 본보기가 된다. 스스로를 드러내려 않으므로써 밝게 빛나고, 스스로 옳다 하지 않기에 돋보이고, 스스로 자랑하지 않기에 그 공을 인정받게 되고, 스스로 뽐내지 않기에 오래간다. 겨루지 않기에 천하가 그와 더불어 겨루지 못한다. 옛날에 이르기를 굽으면 온전해지라고 한 것이 어찌 빈말이겠는가. 진실로 온전함으로 돌아가라.'는 말과 같다 하겠습니다.

겸양지덕謙讓之德이란 말이 있습니다. '겸손할 줄 알고 사양할 줄 아는 아름다운 행실'을 뜻하는 말로 겸손은 곧 아름다운 행실을 말합니다. 그런 까닭에 겸허한 마음과 겸손한 행동은 누구에게나 친근감을 주고, 좋은 이미지를 심어줍니다. 그래서 그런 사람은 어디를 가든 적이 없습니다. 하지만 과신은 다릅니다. 과신은 주변 사람들에게 눈살을 찌푸리게 하고, 불신을 사게 하는 비생산적인 마인드입니다. 그렇습니다. 인생이 깊어갈수록 좀 더 성숙한 삶의 자세를 지향함으로써 풍족한 인생의 결실을 거두는 창의적이고 생산적인 삶을 살아야 하겠습니다.

09

성인聖人이 취해야 할 바람직한 자세

무거운 것이 가벼운 것의 근본이 되고,
고요함은 조급함의 임금이 된다.
그런 까닭에 성인은 하루 종일 다녀도 짐수레를 떠나지 않으며,
화려한 볼거리가 있더라도 의연하게 처신하여 초연하다.
만 대의 수레를 가진 임금이 어찌 천하보다 가볍게 여길 수 있겠는가.
가볍게 처신하면 그 근본을 잃게 되고,
조급하게 행동하면 임금의 자리를 잃게 된다.

*

重爲輕根 靜爲躁君 是以聖人終日行 不離輜重 雖有榮觀 燕處超然
奈何萬乘之主 而以身輕天下 輕則失根 躁則失君
중위경근 정위조군 시이성인종일행 불리치중 수유영관 연처초연
내하만승지주 이이신경천하 경즉실근 조즉실군

성인이란 무엇인가

성인聖人의 사전적 의미는 '지혜와 덕이 매우 뛰어나 길이 우러러 본
받을 만한 사람'을 말합니다. 그런 까닭에 두루 미치지 못하는 지혜

가 없고, 산처럼 높고 바다처럼 넓고 어질어 사람들의 마음을 사로잡기에 부족함이 없습니다. 동서고금을 막론하고 성인은 삶의 빛과 같기에 어디를 가든 사람들이 줄지어 따랐던 것입니다.

세계 4대 성인을 보자면 예수 그리스도, 공자, 소크라테스, 석가모니를 말합니다. 이들은 하나같이 개인적 삶의 영달보다는 만인에게 올바른 삶과 사람으로서의 바른 행실에 대해 가르침을 주었다는 것입니다. 성인으로서 이들의 특징을 살펴보는 것도 매우 큰 의미가 있다 하겠습니다.

첫째, 예수 그리스도입니다.

예수BC 4~AD 30는 인간에게 가장 가치 있는 것을 '사랑'이라고 가르쳤습니다. 당시 이스라엘은 로마의 지배를 받고 있었으며 대제사장유대교의 직책 중 최고의 권위를 가진 자로서 이스라엘 12지파 중 레위지파 중에서 선발됨과 장로제사장을 보좌하는 직책으로 종교의식 및 제반 사항을 담당하였음, 서기관Scribe: 성서를 연구하고 해석하고 복사하는 임무를 맡은 사람들이다. 이들은 율법에 대한 지식이 뛰어나 교법사 또는 율법사로 불리었으며 사회적으로 권위가 인정되었다, 바리새인Pharisees: 사두개파와 같은 시기에 생겼으며 헬라문화를 반대하고 민족고유의 전통을 지키려고 노력했다. 이들은 모세의 율법을 엄격히 지켰으며 독선적이고 위선적인 형식주의자이다과 사두개인Sadducees: BC 3세기경에 생긴 것으로 추정되며 비종교적인 생각으로 그들은 자진하여 헬라문화를 받아들였다. 그들은 부유했으며 사회적인 영향이 컸을 뿐만 아니라 합리적이고 부활, 천사, 영혼의 실제를 믿지 않았다.이 지배층을 이루고 있었습니다. 이들 중 사두개파를 제외한 이들은 철저한 율법주의자들로서 율법을 지키고 그것을 행하는 것을 최고의 가치이자 미덕으로 알았습니다.

그런데 문제는 율법을 따르다보니, 인간에게 가장 중요한 '사랑'과 '용서', '화해'와 '배려'에 대한 관점에 있어서는 이를 매우 등한시했습니다. 오직 율법에 의해 그 사람의 가치를 판단하고, 율법으로 개인적인 삶을 통제하였습니다. 그래서 율법을 어긴 자는 율법에 의해 가차 없이 심판하였습니다.

예수는 이와는 달리 하나님의 사랑과 복음을 전파하며 인간의 가치와 인격을 매우 중요하게 여겼습니다. 이는 유다이즘 즉 유대주의 중심국가인 당시 이스라엘의 사회에 반하는 행동이었습니다. 하지만 동시에 예수가 이 땅에 온 이유이기도 합니다. 그것은 곧 예수는 하나님을 형식적으로 믿는 유대인들에게 진실한 것이 무엇인지를 전함은 물론, 가난하고, 힘없고, 병들고, 소외받는 자들에게 하나님의 사랑을 전하고, 구원에 이르는 길을 가르치고, 인간이 오만과 무지를 깨우쳐 정직하고 옳게 살아가는 삶을 전하기 위해서입니다.

예수의 말과 행동 하나하나는 율법주의자인 바리세인들의 관심을 증폭시켰으며, 제사장들과 장로를 비롯한 서기관들의 반감을 사는 계기로 작용하였습니다. 하지만 예수는 그 어떤 협박과 비판에도 굴하지 않고 자신이 원하는 일을 해나갔습니다. 예수가 행하는 말과 행동은 율법주의를 기반으로 하는 이스라엘 사회에서는 일대의 '개혁'이며 '혁신'이었습니다. 이에 반론을 제기하는 랍비에게 예수는 "나는 율법을 폐하러 온 것이 아니고 완성시키기 위해 왔다."고 말합니다. 하지만 예수의 뜻을 이해하지 못합니다.

예수는 "나는 길이요 진리요 생명이니 나로 말미암지 않고는 주너희 아버지나라에 가지 못한다."고 말하며 자신의 정당성을 일깨웠습니다. 진보적 개혁주의자인 예수는 인간을 죄에서 구원하고, 하나님의 자녀가 되도록 돕는 자신의 의무를 다함으로써, 사랑과 구원의 메신저로서의 삶을 완성시킨 것입니다.

둘째, 공자입니다.

유교의 시조인 공자孔子 BC 551~479는 중국 춘추전국시대의 교육자이자 철학자이며 사상가입니다. 그는 창고를 관장하는 위리, 나라의 가축을 기르는 승전리 등의 말단관리로 근무하였습니다. 그는 40대 말에 중도의 장관이 되었으며, 노나라의 재판관이며 최고위직인 대사구가 되었습니다. 그러나 그는 곧 자리에서 물러났습니다.

공자는 6예 즉 예禮, 악樂, 사射, 어御, 서書, 수數에 능통했으며, 역사와 시詩에 뛰어나 30대에 훌륭한 스승으로 이름을 떨쳤습니다. 그는 모든 사람이 배우는 데 힘쓰기를 주장하였으며, 배움은 지식을 얻기 위한 것만이 아니라 인격을 기르는 것이라고 정의하였습니다.

공자는 평생을 배우고 가르치는 일에 전념하여 3,000명이 넘는 제자를 두었습니다. 공자의 어록 모음집인 《논어論語》는 유교경전으로 4서논어, 맹자, 대학, 중용 중 하나로 공자의 가르침을 전하는 가장 확실한 문헌으로, 일반적으로 유교경전을 가르칠 때 제일 먼저 가르칩니다. 인仁, 군자君子, 천天, 중용中庸, 예禮, 정명正名 등 공자의 기본 윤리 개념을 모두 담고 있습니다. 여기서 '정명'이란 사람이 행함에 있어 모든 면에서 '이름'의 진정한 뜻에 일치해야 한다는 가르침입니다.

공자가 직접 예로 들어 설명한 것 가운데 특히 '효'에 관한 내용이 많습니다. 공자는 개나 말도 마음만 먹으면 효를 행할 수 있다고 말했습니다. 그리고 공자는 인仁을 매우 중시하여 이를 바탕으로 실천함으로써 인격적으로 완성을 이루고, 예를 다함으로써 사회질서의 확립을 강조하였습니다. 말하자면 도덕적 이상국가를 실현하는 것을 궁극적인 목표로 삼았던 것입니다. 이렇듯 공자는 철저한 현실주의자로 그의 사상은 실천하는 것을 근본으로 한 도덕이 핵심을 이룹니다.

공자의 사상을 근본으로 하는 유교는 충忠, 효孝, 예禮를 매우 중시하여, 임금에게는 충성을 다하고, 어버이에게는 효를 다하고, 예를 엄격이 하여 이를 적극 장려하였습니다. 또한 관혼상제冠婚喪祭를 중시하여 이를 엄격히 지키게 한 것도 유교사상에 기반을 둡니다. 이처럼 공자의 유교사상은 일상에서 그대로 실천화되었으며, 그것을 덕목德目으로 하였다는 것에 그 의의가 있다고 하겠습니다. 물론 그에 따른 부작용도 있었지만, 그것은 인간의 과욕이 빚은 일이기도 했습니다.

셋째, 소크라테스입니다.

소크라테스Socrates BC 470~ BC 399는 고대그리스 철학자입니다. 그리스 아테네에서 태어난 그는 보편적 진리, 절대미, 절대선을 인정하고 여기에 이르기 위한 방법으로 분석, 비교, 변증, 종합 등의 방법론을 제시했습니다. 그는 수많은 철학자들의 사상에 정통하고, 웅변술이 뛰어나고 토론에 능했습니다.

당시 아테네는 민주주의가 쇠퇴하면서, 사회적으로 많은 문제가 발생하였습니다. 새로운 신흥계급이 나타났으며, 반민주주의 귀족사회는 수세에 밀리는 형국이었습니다. 소크라테스는 기존의 그리스 유물론적인 자연철학에 대립하여, 그 유명한 '너 자신을 알라.'는 말을 기본으로 함으로써 삶의 '바름'을 아는 것을 지식의 목적으로 삼았습니다. 그럼으로써 도덕적인 행위를 북돋우는 것을 지향하였습니다. 또한 그는 철학이란 자신의 수양을 쌓기 위한 것이 아니라, 아테네 시민의 심성을 발전시키는 데 쓰여야 한다고 주장했습니다. 그리고 철학자는 그 일을 하는 사람이며 '신'이 자신에게 부여한 사명이라고 생각했습니다.

소크라테스는 '소크라테스의 대화법' 즉 '문답법'이란 독특한 방식으로 제자들에게 질문을 통해 자신의 생각을 전함으로써 그의 사상과 철학은 학문적으로 정립되었습니다. 그는 저서를 남기지 않았는데, 그에 대한 기록은 수제자인 플라톤의 《대화》와 크세노폰의 《회고록》에 전해져옵니다. 소크라테스는 '신성모독죄'와 청년들을 타락시킨 '죄목'으로 사형당했으며 "악법도 법이다."라는 유명한 말을 남겼습니다. 고대 그리스 철학이 소크라테스 이전과 이후로 나눌 만큼, 그는 고대 그리스 철학의 대표적인 철학자로서 갖는 의의가 크다고 하겠습니다.

넷째, 석가모니입니다.

석가모니BC 563~ BC 483는 인도지금의 네팔의 소국 샤키야족의 왕 슈도다나와 마야부인 사이에서 태어났습니다. 그는 크샤트리아 계급 출신이라는 설이 있지만, 학자들에 의하면, 샤키야족에는 카스트의 구별이 있지 않았을 것이라고 보고 있습니다.

그의 이름은 고타마 싯타르타로 그가 깨달음을 얻은 후엔 붓다로 불리었습니다. 석가모니는 생후 7일에 어머니와 사별을 하고, 이모에 의해 양육되었습니다. 그는 왕족으로 지녀야 할 학문과 기예를 배우고, 16세에 결혼하였습니다. 아들까지 낳고 행복한 생활을 하던 중 그는 인간이 살아가는 문제에서 부딪치는 고통, 괴로움 등의 문제에 대해 생각하게 되고, 살고 죽는 것이란 무엇인가에 대한 의문을 갖습니다. 이런 생각에 젖어 있던 그는 29세 때 해탈을 구하고자 왕자라는 직위와 아내와 자식을 두고 출가하였습니다.

　그는 알라라칼라마와 우다카 라마푸카라는 선인을 찾아갔지만, 자신이 원하는 것을 얻지 못하자 부다가야 부근 산림으로 가 고행에 전념하였습니다. 그는 6년 간의 고행 끝에 중단하고, 보리수 아래에서 깊은 사색과 정진에 들어간 끝에 비로소 깨달음을 얻었습니다. 애욕, 공포, 그 어떤 고통에도 흔들리지 않는 부동의 깨달음을 해탈이라고 하는데, 해탈한 마음에 의해 깨우친 진리를 열반이라고 합니다. 해탈은 참자유를 말하며, 열반은 참평화를 뜻합니다.

　불교는 불도정진을 통한 해탈을 통해 스스로 부처가 되는 종교입니다. 그리고 그러는 과정에서 자비를 통한 부처의 뜻을 널리 전함으로써 수행자로서의 삶을 실현시키는 종교라 할 수 있습니다. 석가모니는 불교라는 종교를 세우고, 불교 사상을 수립한 불교의 교조이자 사상가입니다.

　세계 4대 성인의 공통점을 노자의 관점에서 본다면, '고지선위도

자 미묘현통 심불가식古之善爲道者 微妙玄通 深不可識'이라, 즉 '옛날에 도를 잘 행했던 사람은 미묘하고 매우 아득하게 통달하여 그 깊이를 알 수 없었다.'라고 하겠습니다. 이는《도덕경》제15장에 나오는 말로, 그러니까 '성인은 모든 것에 통달하여 그 깊이를 알 수 없는 바다와 같이 넓고, 태산처럼 우뚝한 성품을 지녔다는 것을 알 수 있습니다. 그런 까닭에 성인은 자신에게는 엄정하고, 세상 사람들에게는 어질게 대하고, 바르게 가르치는 것에 열정을 다 바쳤던 것입니다. 그렇습니다. 성인은 죽어서도 영원히 살고 있고, 영원히 삶으로써 삶의 빛이 되어 세상 사람들에게 삶의 길이 되고 있는 것'입니다.

성인이 취해야 할 자세

무거운 것이 가벼운 것의 근본이 되고,
고요함은 조급함의 임금이 된다.
그런 까닭에 성인은 하루 종일 다녀도 짐수레를 떠나지 않으며,
화려한 볼거리가 있더라도 의연하게 처신하여 초연하다.

만 대의 수레를 가진 임금이 어찌 천하보다 가볍게 여길 수 있겠는가.

가볍게 처신하면 그 근본을 잃게 되고,

조급하게 행동하면 임금의 자리를 잃게 된다.

重爲輕根 靜爲躁君 是以聖人終日行不離輜重 雖有榮觀 燕處超然

奈何萬乘之主 而以身輕天下 輕則失根 躁則失君

중위경근 정위조군 시이성인종일행불리치중 수유영관 연처초연

내하만승지주 이이신경천하 경즉실근 조즉실군

이는 노자의 《도덕경》 제26장에 나오는 말로, 성인이 취해야 할 자세에 대해 이야기합니다. 이를 두 가지 관점에서 살펴보기로 하겠습니다.

첫째, 성인은 하루 종일 다녀도 짐수레를 떠나지 않으며, 화려한 볼거리가 있더라도 의연하게 처신하여 초연합니다. 성인은 할 것을 다하면서도 자신의 근본을 다하고, 그 마음을 어지럽히는 것들이 기웃거리고 마음을 끌어당겨도 의연하게 대함으로써 초연하다는 것을 알 수 있습니다. 성인이 이렇게 행할 수 있는 것은 세상의 이치에 통달한 까닭입니다. 그러니 그 무엇이 성인의 마음을 흐트릴 수 있을까요. 그런 까닭에 성인은 늘 자신의 자리를 지키며 본분을 다하는 것입니다.

둘째, 만 대의 수레를 가진 임금은 자신을 천하보다 가볍게 여기

지 않는다. 만 대의 수레를 가진 임금은 성인을 의미하는 것으로, 성인은 자신을 천하보다 가볍게 여기지 않는다는 것을 알 수 있습니다. 왜 그럴까요? 그것은 가볍게 처신하면 그 근본을 잃게 되고, 조급하게 행동하면 임금의 자리를 잃게 된다는 것을 알기 때문입니다. 그러니까 오랜 수련을 통해 세상의 모든 것을 깨달은 바, 가볍게 행동함으로써 성인의 위상에 흠집을 낸다는 것은 곧 자신의 가치를 떨어트리는 일이기 때문인 것입니다.

노자가 《도덕경》 제26장에 외에 밝혔던 성인이 취해야 할 몇 가지 자세에 대해 더 살펴봄으로써 이해를 돕고자 합니다.

첫째, '시이성인처무위지사 행불언지교 만물작언이불사 생이불유 위이불시 공성이불거 부유불거 시이불거 是以聖人處無爲之事 行不言之教 萬物作焉而不辭 生而不有 爲而不恃 功成而弗居 夫唯弗居 是以不去'라, 즉, '성인은 억지로 일을 처리하고 않고 말없이 가르침을 행한다. 모든 일이 생겨나도 말하지 않고, 생겨나게 하고도 소유하지 않는다. 무엇을 해도 드러내지 않으며, 공을 세우고도 거기에 기대지 않는다. 머물고자 하지 않으므로, 이룬 일이 허사로 돌아가지 않는다.'는 것을 알 수 있습니다. 이는 노자의 《도덕경》 제2장에 나오는 말입니다.

둘째, '시이성인후기신이신선 외기신이신존 비이기무사사 고능성기사 是以聖人後其身而身先 外其身而身存 非以其無私邪 故能成其私'라, 즉, '성인은 그 자신을 뒤에 두고서도 앞서게 되고, 자신을 내버려두고서도 자신을 보존한다. 그런 까닭에 사사로움을 완성할 수 있는 것이다.'

라는 것을 알 수 있습니다. 이는 노자의《도덕경》제7장에 나오는 말입니다.

셋째, '시이성인위복 불위목 고거피취차是以聖人爲腹 不爲目 故去彼取此'라, 즉, '성인은 배를 위하고 눈을 위하지 않는다. 그러므로 후자는 뒤로하고 전자를 취한다.'는 것을 알 수 있습니다. 이는 노자의《도덕경》제12장에 나오는 말입니다.

넷째, '시이성인포일위천하식 부자견고명 부자시고창 부자벌고유공 부자긍고장是以聖人抱一爲天下式 不自見故明 不自是故彰 不自伐故有功 不自矜故長'이라, 즉 '그런 까닭에 성인은 '하나'를 품어 천하의 본보기가 된다. 스스로를 드러내려 않으므로 밝게 빛나고, 스스로 옳다 하지 않기에 돋보이고, 스스로 자랑하지 않기에 그 공을 인정받게 되고, 스스로 뽐내지 않기에 오래간다.'는 것을 알 수 있습니다. 이는 노자의《도덕경》제22장에 나오는 말입니다.

다섯째, '시이성인상선구인 고무기인 상선구물 고무기물 시위습명是以聖人常善求人 故無棄人 常善救物 故無棄物 是謂襲明'이라, 즉 '그런 까닭에 성인은 언제나 사람을 잘 구제하고, 아무도 버리지 않는다. 언제나 사물을 잘 아끼므로 버려지는 물건이 없다. 이를 일러 습명이라고 한다.'는 것을 알 수 있습니다. 이는 노자의《도덕경》제27장에 나오는 말입니다.

성인이 취해야할 자세에 대해 살펴보았습니다. 성인은 무위자연을 실천하는 까닭에 모든 것을 함에 있어 순리를 거스르지 않고, 물결 흐르듯이 나아간다는 것을 알 수 있습니다. 그런 까닭에 모든 것에 능통하되 자신을 드러내지 않으며, 갖고 있으면서고 뽐내지 않고, 사람이든 물건이든 아끼는 일에 부족함이 없고, 자신보다는 타인을 사랑하고 아끼는 일에 더 열심을 내고, 옳고 그름을 분명히 함으로써 잘못되는 일을 만들지 않습니다.

그러기에 성인은 도를 터득하여 누구나 될 수 있지만, 도를 터득한다는 것은 천명을 따르는 일이기에 누구도 할 수 없는 그야말로, 하늘이 낸 사람만이 성인의 길을 갈 수 있는 것입니다.

그러나 성인은 되지 못해도 현자賢者는 될 수 있습니다. 현자는 성인의 다음으로 이 또한 큰 깨달음을 터득해야 하는 바, 자신을 끝없이 수양하고 깊이 사색함으로써 삶을 통찰할 수 있어야 하는 것입니다. 성인이 되든 현자가 되든 힘 드는 건 마찬가지지만, 그런 마음의 자세로 산다면 나이 들어갈수록 품격 있는 삶을 지향하게 될 것입니다.

자신을 반성하고 통찰함으로써 성인의 반열에 오른 사람

아우구스티누스는 가톨릭 신자들로부터 존경받는 위대한 인물입니다. 그의 이름 앞에 거룩하다는 뜻의 '성Sanctus'을 붙이는 것은 그가 성인으로서 책임과 의무를 다했음을 의미합니다.

아우구스티누스는 교부로서, 신학자로서, 사상가로서 철저한 삶을 살았습니다. 청년 시절에 그는 여자와 이교도에 빠져 절제된 삶을 살지 못했습니다. 그는 수사학을 공부하기 위해 카르타고로 가서 철학에 심취했지만, 이교도인 마니교에 빠져 10년 가까이 세월을 보냈습니다. 열일곱 살에 여자와 동거를 하며 14년을 살았고 아들을 낳았습니다.

아우구스티누스는 어머니 모니카의 마음을 아프게 하며 불효의 시간을 보냈습니다. 그의 어머니 모니카는 독실한 그리스도인으로 아들의 타락을 막기 위해 눈물을 흘리며 밤낮으로 기도한 끝에 그를 타락의 구렁텅이에서 건져냈습니다. 아우구스티누스가 마니교를 떠난 것입니다. 그는 밀라노의 주교 암브로시우스에게 세례를 받고 그리스도인이 되었습니다. 그는 고향으로 돌아와 수도회를 설립하고 수도사 생활에 전념했습니다.

아우구스티누스는 독실한 믿음으로 깊은 신앙을 갖게 되었고, 히포 레기우스에서 발레리우스 주교에게 사제 서품을 받았습니다. 이후 그는 마니교를 부정하고 비판했습니다. 인간의 도덕적 완성을 주장하는 펠리기우스 주의를 비판하며 그리스도의 삶을 주장했습니다.

그는 모든 삶의 근원은 하나님께 있으며, 하나님의 은총만이 인간을 바르게 하고 죄로부터 구원함을 강력하게 주장했습니다. 아우구스티누스의 은혜론은 종교개혁자인 마틴 루터에게도 큰 영향을 끼쳤습니다. 그는 발레리우스 주교와 공동 주교가 되었으며, 공동 주교가 죽자 히포 교구의 주교가 되었습니다. 그는 주교로서, 신학자로서, 사상가로서 활발한 활동을 펼치며 《고백록》, 《행복론》, 《신국론》 등 많은 책을 저술했습니다.

아우구스티누스는 사람들을 아끼고 사랑했습니다. 사람이 사람 위에 군림하는 것은 하나님의 뜻에 어긋날 뿐만 아니라, 하나님의 사랑을 부정하는 죄악이라고 믿었습니다. 그의 믿음이 잘 나타나는 이야기가 있습니다.

427년 게르만족의 한 민족인 반달족이 북아프리카를 침략했을 때였습니다. 그는 안전한 곳으로 대피할 수 있었지만 피난민들의 곁에서 기도와 봉사로 섬겼습니다. 피난민들은 크게 감동하며 그를 높이 칭송했습니다. 아우구스티누스는 눈감기 직전까지 피난민들을 돌보다 결국, 열병에 걸려 생을 마감했습니다.

아우구스티누스의 삶은 타락과 회심으로 점철되어 있습니다. 그가 이교도인 마니교에 빠진 것과 어린 나이에 여자에게 빠진 것은 인생의 흠이었습니다. 그러나 그는 하나님의 은혜를 체험하면서 과거로부터 완전히 벗어나 그리스도인의 길을 걸었습니다. 그는 신학적으로 크게 영향을 미쳤고, 사상가로서 유익한 저서를 많이 남겼습니다. 그의 삶은 교회 발전에 막대한 계기가 되었습니다. 사람은 누구나 죄 지을 수 있습니다. 죄를 뉘우치지 못하면 영원히 죄에서 벗어나지 못하지만, 회개하면 용서받고 참된 그리스도인의 길을 걸어갈 수 있습니다.

아우구스티누스의 신념은 하나님에 대한 믿음에 기초합니다. 그는 믿음의 확신에서 벗어나지 않았습니다. 그는 자신의 믿음에 대해 다음과 같이 말했습니다.

> "신념은 아직 보지 못한 것을 믿는 것이며,
> 그 신념에 대한 보상은 믿는 것을 보게 된다는 것이다."

아우구스티누스의 신념은 하나님을 향한 굳은 믿음에서 나온 것이며, 굳은 믿음에서 그의 위대함은 발현되었던 것입니다.

이 이야기에서 보듯 아우구스티누스는 평범한 사람이었습니다. 그는 어린나이에 여자와 이교도에 빠져 무분별한 삶을 살았습니다. 어머니에게 불효도 그런 불효가 없었습니다. 그랬던 그는 참회를 통해 새사람으로 거듭났으며, 종교인으로서만이 아니라 전쟁 중에 사랑을 실천하던 중 병을 얻고 삶을 마침으로써 세계사에 큰 족적을 남겼습니다.

많이 배운 사람이든, 못 배운 사람이든, 지위가 높은 사람이든, 지위가 낮은 사람이든, 평범한 사람이든, 방탕한 사람이든, 죄를 지은 사람이든 누구나 성인이 될 수 있습니다. 다만 성인이 되기 위해서는 각고의 인내심과 노력이 필요합니다. 그렇습니다. 노자는 성인이 되기 위해서는 도를 터득해야 하고, 무위無爲를 따름으로써 실천적인 삶을 살아야 한다고 말합니다. 그런 까닭에 성인은 만인 중에 으뜸이며, 천하의 이치를 앉아서 꿰뚫어 보는 혜안을 가졌습니다. 그럼에도 성인은 자신을 뒤로하고, 천하를 꿰뚫어 보는 눈을 지녔음에도 스스로를 드러내지 않고, 물처럼 바람처럼 살아감으로써 사람들에게 가르침을 주었던 것입니다.

나이가 들어간다는 것은 세월이란 '흐름의 법칙'에 의한 것이지만, 나이 들면서 오히려 조급해하며 작은 일에도 예민하게 반응 하는 이들을 종종 보게 됩니다. 삶의 여유가 없는 경우도 있지만, 대개는 나이듦에서 오는 불안한 심리에서 작용하는 경우가 많습니다.

그럼 어떻게 해야 할까요? 나이 듦을 긍정적으로 받아들이도록 사색하고, 독서를 통해 다양한 성현들의 삶을 배우고 따라서 실천하는 것만으로도 마음에 평안을 얻을 수 있습니다. 그런 의미에서 노자의《도덕경》은 많은 도움이 되어줄 것입니다.

10

신비한 진리에 이르는 길

다니기를 잘하는 사람은 지나간 흔적을 남기지 않고,

말을 잘하는 사람은 말의 흠을 남기지 않으며,

계산을 잘하는 사람은 계산기를 쓰지 않는다.

잠금을 잘하는 사람은 빗장을 걸지 않아도 열리지 않게 하고,

매듭을 잘 매는 사람은 꽉 묶지 않아도 풀리지 않게 한다.

그런 까닭에 성인은 언제나 사람을 잘 구제하고, 아무도 버리지 않는다.

언제나 사물을 잘 아끼므로 버려지는 물건이 없다.

이를 일러 습명이라고 한다.

그런 까닭에 선한 사람은 선하지 못한 사람의 스승이며,

선하지 못한 사람은 선한 사람의 거울이다.

스승을 귀히 여기지 않고, 거울을 사랑하지 않으면,

비록 지혜롭다 하더라도 크게 미혹될 것이니,

이것을 신비한 진리라고 하는 것이다.

*

善行無轍迹 善言無瑕謫 善數不用籌策

善閉無關楗而不可開 善結無繩約而不可解

是以聖人常善求人 故無棄人 常善救物 故無棄物 是謂襲明

故善人者 不善人之師 不善人者 善人之資

不貴其師 不愛其資 雖智大迷 是謂要妙

선행무철적 선언무하적 선수불용주책

선폐무관건이불가개 선결무승약이불가해

시이성인상선구인 고무기인 상선구물 고무기물 시위습명

고선인자 불선인지사 불선인자 선인지자

불귀기사 불애기자 수지대미 시위요묘

밝음을 터득한다는 것의 의미

|

인간은 생각하는 동물입니다. 여기서 생각이란 자연과 사물을 보고, 듣고, 느낌으로써 깨닫게 되는, 그리고 그 깨달음을 통해 새롭게 삶의 통찰하는 근본이 되는 총체적인 행위를 일러 말합니다. 이것이 인간이 다른 동물들과의 극명하게 차별되는 이유입니다. 이렇듯 인간은 생각함으로써 존재하는 동물입니다.

이에 대해 일찍이 근대철학의 아버지로 불리는 프랑스의 철학자 르네 데카르트는 "나는 생각한다. 그러므로 나는 존재한다."고 말했습니다. 이 말은 많은 철학적 사유가 담긴 말이지만, 생각하기 때문에 존재한다는 것은 곧 인간의 실존은 생각함으로써 실존의 의의가 있다는 것입니다. 데카르트는 생리학 연구를 통해서는 동물을 해부하여 각 부분이 어떻게 움직이는가를 보였으며, 동물은 영혼을 갖지 않기 때문에 생각할 수도 느낄 수도 없다고 주장했는데, 서두에서도 말했듯이 이는 인간만이 생각할 수 있는 존재라는 것에 대한 방증이라고 하겠습니다. 또 그는 사물들의 질서에 순종하라는 로마의 철학자 세네카의 충고를 받아들여 따랐습니다.

이는 무엇을 말하는 걸까요? 이를 노자의 관점에서 본다면, 무위자연과 매우 유사하다고 하겠습니다. 물론 이를 증명하는 방법론에 있어 논증에 따른 논리적 차이는 있겠지만_{동양적 관점과 서양적 관점의 차이에} 서 볼 때 철학적 사유는 비슷하다는 것입니다. 천하 만물은 저마다 자연의 순리에 따라 준행하는 존재로 이를 거스르게 되면 문제가 발생하게 되는 것입니다. 그런 까닭에 노자는 무위자연을 따름으로써 도에 이르는 것을 최고의 덕으로 여겼던 것입니다. 여기서 핵심이 되는 것이 바로 '밝음'을 '터득'하는 것입니다.

노자는 《도덕경》 제27장에서 이를 '습명襲明'이라고 했습니다. 이를 좀 더 부연해서 말한다면, '자연스러운 깨달음, 직관적으로 사물의 본질을 깨우치'는 것을 말합니다. 여기서 직관적으로 깨우치는 것에 대한 데카르트 생각 역시 같습니다. 앞에서 말한 "나는 생각한다. 그러므로 나는 존재한다."는 말은 이를 잘 말해줍니다.

이에 대한 노자의 생각을 잘 보여주는 것이 바로 '선행무철적 선언무하적 선수불용주책 선폐무관건이불가개 선결무승약이불가해 시이성인상선구인 고무기인 상선구물 고무기물 시위습명善行無轍迹 善言無瑕謫 善數不用籌策 善閉無關楗而不可開 善結無繩約而不可解 是以聖人常善求人 故無棄人 常善救物 故無棄物 是謂襲明'이라, 즉 '다니기를 잘하는 사람은 지나간 흔적을 남기지 않고, 말을 잘하는 사람은 말의 흠을 남기지 않으며, 계산을 잘하는 사람은 계산기를 쓰지 않는다. 잠금을 잘하는 사람은 빗장을 걸지 않아도 열리지 않게 하고, 매듭을 잘 매는 사람은 꽉 묶지 않아도 풀리지 않게 한다. 언제나 사물을 잘 아끼므로 버려지는 물건이 없다. 이를 일러 습명이라고 한다.'는 말입니다.

이는 무엇을 뜻하는 것일까요? 밝음을 터득한 사람이 행하는 바람직한 자세라고 할 수 있습니다. 습명襲明 즉 자연스러운 깨달음, 직관적으로 사물의 본질을 깨우치기 위해서는 '무위'를 습관화해야 합니다. 그렇게 할 때 노자가 말하는 습명을 몸에 배게 할 수 있습니다.

노자는 '고선인자 불선인지사 불선인자 선인지자 불귀기사 불애기자 수지대미 시위요묘故善人者 不善人之師 不善人者 善人之資 不貴其師 不愛其資 雖智大迷 是謂要妙'라고 말했습니다. '그런 까닭에 선한 사람은 선하지 못한 사람의 스승이며, 선하지 못한 사람은 선한 사람의 거울이다. 스승을 귀히 여기지 않고, 거울을 사랑하지 않으면, 비록 지혜롭다 하더라도 크게 미혹될 것이니, 이것을 신비한 진리라고 하는 것이다.'라고 했습니다.

밝음을 터득함 즉 자연스러운 깨달음, 직관적으로 사물의 본질을 깨우치게 되면 선한 사람은 선하지 못한 사람의 스승이 될 수 있고, 선하지 못한 사람은 선한 사람의 거울이라는 것을 알게 됩니다. 나아가 스승을 귀히 여기게 되고, 거울 즉 '선'을 사랑해야 한다는 것을 알게 됩니다.

왜 그럴까요? 그러지 않으면 지혜롭다 하더라도 크게 미혹되기 때문입니다. 이것을 아는 것을 시위요묘是謂要妙 즉, '신비한 진리'라고 하는 것입니다. 그렇습니다. 살아가면서 밝음을 터득하게 되면 사물의 이치를 깨치게 되어 지혜롭고 선한 삶을 살게 되고, 그렇지 못하면 아무리 지혜가 뛰어나다고 해도 미혹되기 쉬운 까닭에 함부로 삶을 살게 되는 것입니다.

깨달음의 목적은 인간다운 삶을 사는 것입니다. 인간의 품위를 잃

지 않고, 착한 본성을 지키며 살 때 스스로도 행복하고, 모두가 행복
할 수 있기에 습명은 반드시 필요한 것입니다.

밝음을 터득한 자와 밝음을 터득하지 못한 자

|

◇◇◇

도로써 군주를 보좌하는 자는 무력을 써서 천하에 군림하지 않으니,

그 일은 곧바로 대가로 돌아온다. 군대가 주둔하던 곳엔

가시덤불이 자라고 대군이 지나간 뒤에는 반드시 흉년이 진다.

훌륭한 자는 목적만 이룰 뿐 강함으로 취하지 않는다.

목적을 이뤘으되 자랑하지 않고, 목적을 이뤘으되 뽐내지 않고,

목적을 이뤘으되 교만하지 않는다.

목적을 이뤘으나 어찌할 수 없다면

목적을 이루었다고 강압하지 말아야 한다.

以道佐人主者 不以兵强天下 其事好還 師之所處 荊棘生焉

大軍之後 必有凶年 善有果而已 不敢以取强 果而勿矜 果而勿伐

果而勿驕 果而不得已 果而勿强

이도좌인주자 불이병강천하 기사호환 사지소처 형극생언

대군지후 필유흉년 선유과이이 불감이취강 과이물긍 과이물벌

과이물교 과이부득이 과이물강

이는 노자의 《도덕경》 제30장에 있는 말로, 밝음을 터득한 자의
자세에 대해 잘 알게 합니다. 노자는 '도道로써 군주를 보좌하는 자
는 무력을 써서 천하에 군림하지 않으니, 그 일은 곧바로 그 대가로
돌아온다. 군대가 주둔하던 곳엔 가시덤불이 자라고, 대군이 지나간
뒤에는 반드시 흉년이 진다. 훌륭한 자는 목적만 이룰 뿐 강함으로
취하지 않는다. 목적을 이뤘으되 자랑하지 않고, 목적을 이뤘으되 뽐
내지 않고, 목적을 이뤘으되 교만하지 않는다. 목적을 이뤘으나 어찌
할 수 없다면, 목적을 이루었다고 강압 하지 말아야 한다.'고 말했습
니다.

이는 무엇을 말하는 걸까요? 그러니까 도로써 군주를 보좌하는
자는 밝음을 터득한 자로, 무력으로 세상에 군림하지 않는다는 것입
니다. 왜냐하면 그렇게 하면 그 대가로 되돌아온다는 것을 알기 때
문이지요. 그 대가로 군대가 주둔하는 곳엔 가시덤불이 자라 살 수
없게 되고, 대군이 지나간 곳에 반드시 흉년이 들기 때문이지요. 흉
년이 든다는 것은 먹고 사는 데 문제가 되어 큰 고통이 따릅니다. 이
얼마나 참혹하고 비참한 일입니까.

그런데 사악하고 고약한 자는 국가를 위한다는 핑계로 전쟁을 일으켜 소중한 인명을 살상하고, 피땀으로 일군 재산을 하루아침에 잿더미로 만들어 버립니다. 그래놓고도 흡혈귀와 같이 벌건 눈을 부릅뜨고 야수의 근성을 버리지 못합니다.

이를 노자의 관점에서 본다면, '물장즉로 시위부도 부도조이物壯則老 是謂不道 不道早已'라고 하는 바, 이는 '사물은 기운이 지나치면 쇠하게 마련인데 그것은 도가 아닌 까닭이다. 도가 아닌 것은 얼마 가지 않아 끝나고 만다.'는 뜻입니다. 도가 무엇인지, 밝음이 무엇인지 모르니까, 사욕에 사로잡혀 미치광이처럼 날뛰는 것입니다. 그런 까닭에 하늘은 이런 자를 가만히 두지 않고, 기운을 쇠하게 하여 끝장내 버린다는 것입니다.

사람이 도를 통해 밝음을 터득해야 하는 이유가 바로 여기에 있는 것입니다. 밝음을 터득한 자는 이를 잘 아는 까닭에 무력을 써서 인명을 살상하고, 재산을 파괴하는 패악한 일 따위는 벌이지 않기 때문입니다. 밝음을 알고 밝음을 터득하는 것과 밝음을 알지 못하는 것에 대해 좀 더 구체적으로 살펴보도록 하겠습니다.

"성질이 조급하고 마음이 조잡한 사람은
무엇을 하든지 결코 일을 성공하지 못한다.
이와 반대로 마음이 항상 평화롭고 기상氣像이 평온한 사람은
백복百福이 저절로 찾아든다."

이는《채근담探根譚》에 나오는 말로, 성질이 조급하고 마음이 조잡한 사람은 '밝음'을 모르는 사람입니다. 그러니까 남을 생각하지 않고 자기 성질대로 하려고 하고, 이치와 도리에 어긋나는 일도 눈 하나 까딱 안 하고 하는 것입니다. 그러기 때문에 무엇을 하든 처음 얼마간은 잘 되는 듯하다가도 오래지 않아 끝장나고 마는 것입니다.

그러나 마음이 평화롭고 기상 즉 타고난 올곧은 성품이 평온한 사람은 남을 배려하고 아끼는 마음이 큰 까닭에 '백복百福' 즉 백 가지 복이 찾아와 행복한 삶을 살아갑니다.

왜 그럴까요? 마음이 항상 평화롭고 기상氣像이 평온한 사람은 타고난 성품에도 기인하지만, 일상생활을 통해 그것이 온당한 사람이 취해야 할 마음가짐이라는 것을 깨우쳤기 때문입니다. 그런 까닭에 그 마음속에서는 항상 밝은 기운이 감돕니다. 그리고 그 기운은 그로 하여금 마치 캄캄한 밤에 배가 등대를 보고 밤바다를 운행하듯, 올곧고 바르게 살아가게 하는 삶의 방향키가 되어주는 것입니다.

사람들의 품성을 크게 세 가지로 나눈다면《채근담》에서 보았듯이, 성질이 조급하고 마음이 조잡한 사람도 있고, 마음이 항상 평화롭고 기상氣像이 평온한 사람도 있고, 여기다 한 가지를 보탠다면 이 둘의 중간 정도의 마인드를 지닌 사람도 있습니다. 이는 무엇을 말하는 걸까요? 즉 인간은 완벽하지 않은 존재라는 것입니다. 그런 까닭에 누구나 흠을 가지고 있고, 그러니까 인간인 것입니다.

그렇다면 어떻게 해야 할까요? 문제는 간단합니다. 그 흠을 없애도록 노력하면 됩니다. 흠이 큰 사람은 그 흠을 최대한 작게 만들어야 합니다. 그리고 더 할 수 있다면 그 흠을 아주 없애는 것입니다. 물론 흠을 없앤다는 것은 고행이 따를 만큼 힘든 일입니다. 하지만 그렇게 하도록 노력해야 합니다. 그랬을 때 밝음을 터득하게 되는 기회를 갖게 되기 때문입니다. 혹여, 밝음을 터득하지는 못한다 해도 그 근처에 이를 수 있다면, 그것만으로도 훌륭한 인품을 지니기에 부족함이 없다 하겠습니다.

지금 자신을 한번 곰곰이 생각해보세요. 앞에서 말한 세 가지 품성 중 나는 과연 어떤 사람인가를. 그리고 자신이 어떤 성향의 사람인가를. 그래서 그 중 어떻다는 것이 판단되면, 그에 맞게 마음의 수양을 쌓도록―그것이 종교생활을 통해서든, 독서와 사색을 통해서든, 봉사활동과 교육을 통해서든―노력한다면 좋은 결과를 맞게 될 것입니다. 그렇습니다. 인간은 아둔하고 미련한 반면, 영특함을 동시에 지닌 동물입니다. 사람이 해서 안 되는 일 없습니다. 다만 자신의 노력이 부족해서 못할 뿐이지요. 이를 마음에 품고 밝음을 터득하는 현자賢者가 되도록 노력해야 하겠습니다.

신비한 진리에 이르는 길

노자는 '선한 사람은 선하지 못한 사람의 스승이며, 선하지 못한 사람은 선한 사람의 거울이다. 스승을 귀히 여기지 않고, 거울을 사랑하지 않으면, 비록 지혜롭다 하더라도 크게 미혹될 것이니, 이것을 신비한 진리라고 한다.'고 말했습니다. 그러니까 지혜롭다 하더라도 크게 미혹되지 않기 위해서는 시위요묘是謂要妙 즉, 신비한 진리에 이르도록 해야 하는 것입니다. 그러기 위해서는 도道가 무엇이며, 도는 어떻게 작용作用하는지를 알기 위한 노력이 필요합니다. 이를 다섯 가지 관점에서 살펴보도록 하겠습니다.

첫째, 노자는 《도덕경》 제32장에서 '도상무명 박수소 천하막능신 야 후왕약능수지 만물장자빈 천지상합 이강감로 민막지령이자균 시제유명 명역기유 부역장지지 지지가이불태 비도지재천하 유천곡지 어강해道常無名 樸雖小 天下莫能臣也 侯王若能守之 萬物將自賓 天地相合 以降甘露 民莫之令而自均 始制有名 名亦既有 夫亦將知止 知止可以不殆 譬道之在天下 猶川谷之於江海'라 말했습니다.

이는 '도는 항상 이름을 붙일 수 없는 것이니, 통나무처럼 비록 보잘것없지만 세상에서 그 누구도 신하로 부릴 수 없다. 임금이나 제후가 이를 지킬 줄 알면 만물이 저절로 복종할 것이다. 하늘과 땅이 서로 합하여 단이슬을 내리리니, 백성은 아무도 명령하지 않아도 스스로 가다듬게 된다. 처음에 만들어진 후에 이름이 있고, 이름이 생기면 멈출 줄도 알아야 한다. 멈출 줄을 알면 위태롭지 않을 것이다. 이를테면 도가 세상에 있는 것은 마치 시내와 계곡의 물이 강과 바다로 흘러가는 것과 같다.'는 뜻입니다.

이는 무엇을 말하는 걸까요? 그러니까 '도는 통나무와 같이 보잘 것 없어 보이지만, 도는 그 어떤 것에도 부림을 당하지 않고, 그런 까닭에 임금이나 제후가 이런 도를 지킬 줄 알면 세상 만물이 복종하게 되고, 하늘과 땅은 서로 만나 단이슬을 내리고, 백성은 명령하지 않아도 스스로 질서를 지키게 된다는 것입니다. 그리고 멈춰야 할 때를 알면 위태롭지 않게 되고, 도가 세상에 있는 것은 시냇물과 골짜기에서 흐르는 물이 바다에 흘러드는 것과 같다.'는 것입니다. 즉, 모든 것을 받아주고 품어주는 바다와 같은 도량度量이 도라는 것입니다. 이런 도를 통해 밝음을 터득함으로써 신비한 진리에 이르게 되는 것입니다.

둘째, 노자는《도덕경》제33장에서 '지인자지 자지자명 승인자유력 자승자강 지족자부 강행자유지 불실기소자구 사이불망자수知人者智 自知者明 勝人者有力 自勝者强 知足者富 强行者有志 不失其所者久 死而不亡者壽'라 말했습니다.

이는 '남을 아는 사람은 지혜롭고 자기를 아는 사람은 현명하다. 남을 이기는 자는 힘이 세지만 자신을 이기는 사람은 강하다. 만족할 줄 아는 사람은 부하지만, 힘 있게 행하는 사람이 뜻을 얻게 된다.

제자리를 잃지 않는 사람은 오래가지만, 죽으나 없어지지 않는 사람이 수를 누리는 것이다.'라는 뜻입니다. 그러니까 남을 아는 사람은 지혜가 있지만, 자신을 알면 현명해진다는 것입니다. 또 남을 이기는 자는 힘이 세지만, 자신을 이기는 사람은 그보다 더 강하다는 것입니다.

왜 그럴까요? 자신을 알고 자신을 이긴다는 것은 그만큼 힘들다는 것입니다. 그것은 도를 통해 밝음을 터득했을 때라야 익숙하게 행할 수 있기 때문입니다. 그리고 자신이 만족하면 그로인해 부유함 즉 마음의 넉넉함을 느끼게 되지만, 힘 있게 실행하는 사람은 자신이 세운 뜻을 얻게 되고, 제자리를 잃지 않는 사람은 오래 가고, 죽으나 없어지지 않는 사람이 천수天壽를 누리는 것인데, 이 또한 도를 통해 밝음 터득했을 때라야 가능한 일이라는 것입니다. 이런 도를 통해 밝음을 터득하는 것이기에 이 또한 신비한 진리에 이르게 되는 것입니다.

셋째, 노자는 《도덕경》 제34장에서 '대도범혜 기가좌우 만물시지 이생이불사 공성불명유 의양만물이불위주 상무욕 가명어소 만물귀언 이불위주 가명위대 이기종부자위대 고능성기대大道氾兮 其可左右 萬物恃之而生而不辭 功成不名有 衣養萬物而不爲主 常無欲 可名於小 萬物歸焉 而不爲主 可名爲大 以其終不自爲大 故能成其大'라 말했습니다.

이는 '큰 도가 넘쳐나서 왼쪽이나 오른쪽으로 흘러간다. 만물이 그것에 의지하여 생겨나도 이를 마다하지 않고, 일을 이루고도 자기 이름을 내세우지 않는다. 큰 도는 만물을 입혀주고 길러주나 주인 노릇을 하지 않는다. 언제나 욕심이 없으니 이름하여 하찮은 것이라 하겠다. 만물이 모여드나 주인 노릇 하지 않으니 위대하다고 이름 붙일 수 있다. 그런 까닭에 그것은 스스로 위대하다고 하지 않는다. 그러기에 위대한 일을 이룰 수 있다.'는 뜻입니다.

이것은 무엇을 말하는 것일까요? 그러니까 큰 도 즉 대도大道라는 것은 만물이 자신을 의지해 생겨나도 그것을 마다하지 않으며, 그렇게 해서 만물이 생겨나도 자신을 드러내지 않는 다는것입니다. 또한 만물을 입히고 길러주고도 주인 노릇도 하지 않는다는 것입니다. 그 것은 욕심이 없기 때문인데, 그래서 이름이 하찮은 거라고 붙일 수 있다는 것입니다.

그러나 그것을 향해 만물이 모여든다는 것입니다. 그런데도 그것은 주인 노릇을 하지 않기에 위대하다는 이름을 붙일 수 있다는 것이지요. 그래서 그것은 즉 도는 스스로를 위대하다고 자만하지 않는 다는 것입니다. 이처럼 노자의 말에서 알 수 있듯 이런 도를 통해 밝음을 터득하는 것이기에 이 또한 신비한 진리에 이르는 길인 것입니다.

넷째, 노자는《도덕경》제35장에서 '집대상 천하왕 왕이불해 안평 태 락여이 과객지 도지출구 담호기무미 시지부족견 청지부족문 용 지부족기執大象 天下往 往而不害 安平太 樂與餌 過客止 道之出口 淡乎其無味 視 之不足見 聽之不足聞 用之不足既'라 말했습니다.

이는 '위대한 형상을 굳게 잡으면 세상이 나아간다. 나아가도 해를 입지 않으니, 안온과 평온이 깃들 것이다. 음악과 음식이 지나는 사람을 멈추게 한다. 도에 대한 말은 담박하여 맛이 없다. 도는 보려 해도 보이지 않으며, 들으려 해도 들리지 않으며, 그것을 쓴다할지라 도 다함이 없다.'는 뜻입니다. 그러니까 위대한 형상 즉 도를 굳게 잡 고 있으면 세상이 제 갈 길로 나아가게 된다는 것입니다.

그런데 나아가도 해를 입지 않아 안온과 평온이 깃든다는 것입 니다. 음악과 음식 즉 즐거움과 배부름은 지나가는 나그네의 발길을 붙잡게 하지만, 도라는 것은 아무리 그럴 듯하게 표현한다고 할지라 도 싱거워 맛이 없다는 것입니다. 그리고 도라는 것은 보려고 해도 보이지 않고, 들으려고 해도 들리지 않고, 그것을 사용한다고 해도 다함 즉 떨어지지 않는다는 것입니다. 이런 도를 통해 밝음을 터득 하는 것이기에 이 또한 신비한 진리에 이르는 길인 것입니다.

다섯째, 노자는 《도덕경》 재37장에서 '도상무위이무불위 후왕약 능수지 만물장자화 화이욕작 오장진지이무명지박 무명지박 부역장 무욕 불욕이정 천하장자정 道常無爲而無不爲 侯王若能守之 萬物將自化 化而 欲作 吾將鎭之以無名之樸 無名之樸 夫亦將無欲 不欲以靜 天下將自定'이라고 말 했습니다.

이는 '도는 언제나 하는 일이 없지만 못하는 것이 없다. 임금이나 제후가 이를 지킬 수 있다면 만물은 저절로 달라진다. 저절로 달라 지려 하거나 욕심이 생기게 되면 나는 이름 없는 통나무로 이를 억 누를 것이다. 이름 없는 통나무로 하고자 하는 욕심도 없어질 것이 다. 욕심을 부리지 아니하고 고요히 있으면 천하가 스스로 안정될 것이다.'라는 뜻입니다.

이는 무엇을 말하는 걸까요? 그러니까 '도는 언제나 있지만, 언제나 하는 일이 없는데도 못하는 것이 없는 만능인 것입니다. 그런 까닭에 임금이나 제후가 이를 지켜 행하면 만물은 저절로 달라진다.'는 것입니다.

그런데 저절로 달라지려하거나 욕심이 생기게 되면 노자는 이름 없는 통나무 즉 하찮은 것으로 이를 억누를 것이라고 말합니다. 그렇게 되면 욕심이 없어지게 되기 때문이라는 것입니다.

왜 그럴까요? 욕심을 부리지 않고 고요히 있으면 천하가 스스로 안정된다는 것이 그 이유입니다. 이런 도를 통해 밝음을 터득함으로써 신비한 진리에 이르게 되는 것입니다.

이 다섯 가지에서 알 수 있듯 도라는 것은 하찮은 것 같지만 크고 위대하고, 있는 듯하나 없는 것 같고, 없는 듯하나 어디에나 있고, 만물을 생겨나게 하고 입히고 길러주고도 주인 노릇 하지 않고, 음악과 음식은 사람을 멈추게 하지만 도는 밋밋하여 맛이 없고, 보려 해도 보이지 않고, 들으려 해도 들리지 않고, 아무리 써도 다함이 없는 것이 도의 본질인 것입니다. 그런 까닭에 도는 무변광대無邊廣大한 우주의 섭리처럼 심오하고 위대한 것입니다.

노자가 말하는 도는 인간이 행하기에는 참으로 높고 우뚝해서, 그렇게 한다는 것은 거의 불가능한 일입니다. 하지만 이런 노력을 통해 품격 있는 나로 살아갈 수는 있는 것입니다. 물론 그렇게 하는 것조차도 매우 힘이 듭니다. 그러나 품격 있게 나이듦으로써 스스로를 가치 있게 하기 위해서는 수양하는 삶을 생활화해야 합니다. 그것이 자신에게 주는 나이듦에 대한 인생의 선물이기 때문입니다.

德經

제2부 하편

덕경 | 德經

01

상덕上德은 무위이며 하덕下德은 인위이다

최상의 덕은 덕이라 하지 않으므로 덕이 있다.

최하의 덕은 덕을 잃으려 하지 않기에 덕이 없다.

최상의 덕은 아무것도 하지 않으면서 위해서 하는 것이 없다.

최하의 덕은 그것을 하는데도 부자연스럽다.

최상의 인은 그것을 하는데도 자연스럽고,

최상의 의는 그것을 하는데 부자연스럽다.

최상의 예는 그것을 하는데도 아무도 응하지 않으면

소매를 걷어 붙이고 언짢아하며 억지로 끌어 잡아당긴다.

그런 까닭에 도가 없어지면 덕이 나타나고, 덕이 없어지면 인이 나타나고,

인이 없어지면 의가 나타나고, 의가 없어지면 예가 나타난다.

예는 충심과 믿음이 엷어진 후에 생긴 것인데 이는 혼란의 시작이 된다.

앞서 인식한다는 것은 도의 꽃이며 어리석음의 시작인 것이다.

그런 까닭에 대장부는 두터움에 처하되 엷음에 처하지 않는다.

그 열매에 처하되, 그 화려함에 머물지 않는다.

그러므로 그것은 버리고 이것을 택하는 것이다.

*

上德不德 是以有德 下德不失德 是以無德 上德無爲而無以爲

下德爲之而有以爲 上仁爲之而有以爲 上義爲之而有以爲

上禮爲之而莫之應 則攘臂而扔之 故失道而後德 失德而後仁 失仁而後義

失義而後禮 夫禮者 忠信之薄 而亂之首 前識者 道之華 而愚之始

是以大丈夫處其厚 不居基薄 處基實 不去基華 故去彼取此

상덕부덕 시이유덕 하덕불실덕 시이무덕 상덕무위이무이위

하덕위지이유이위 상인위지이유이위 상의위지이유이위
상례위지이막지응 즉양비이잉지 고실도이후덕 실덕이후인 실인이후의
실의이후례 부례자 충신지박 이란지수 전식자 도지화 이우지시
시이대장부처기후 불거기박 처기실 불거기화 고거피취차

상덕과 하덕

노자는 덕을 상덕과 하덕으로 분류하여 말합니다. 그러면 상덕이란
무엇을 말하는 걸까요? 이에 대해 노자는 《도덕경》 제38장에서 '상
덕부덕 시이유덕上德不德 是以有德'이라 말했습니다. 이는 '최상의 덕
은 덕이라 하지 않으므로 덕이 있다.'는 뜻입니다. 즉, 상덕이란 최고
의 덕을 말하는 것으로, 상덕은 덕을 덕이라 하지 않기에 덕이 있다
고 말합니다. 말의 뜻이 조금은 어려울 수 있겠으나, 이는 덕은 스스
로를 덕이라 자랑하지 않는 겸허함을 품고 있다는 것입니다. 자기를
내세운다는 것은 자기를 알아봐 달라는 것과 같기에 상덕은 그렇지
않은 것입니다. 그것은 속을 드러내 보이는 것처럼 천박하기 때문이
지요. 그런데 상덕은 그것을 그 어느 때도 드러내지 않으니 덕이 있

다는 것입니다.

또한 노자는 말하기를 '상덕무위이무이위上德無爲而無以爲'이라 했는 바, 이는 '최상의 덕은 아무것도 하지 않으면서 위해서 하는 것이 없다.'는 뜻입니다. 이는 무엇을 말하는 걸까요? 그러니까 상덕은 무위無爲하기에 무엇을 위해 억지로 하지 않음을 말합니다. 이는 곧 무위자연을 말하는 바 이를 따르는 것이 곧 상덕이 하는 일이라는 것입니다. 무위자연을 따르게 되면, 순리를 벗어나지 않아 잘못되어지거나 문제가 되는 일이 없습니다. 그런 까닭에 무위자연은 덕을 품고 있고, 그것도 상덕 즉 최상의 덕을 품고 있는 것입니다.

그렇다면 하덕이란 무엇일까요? 이에 대해 노자는 《도덕경》 제38장에서 '하덕불실덕 시이무덕下德不失德 是以無德'이라 말했습니다. 이는 '최하의 덕은 덕을 잃으려 하지 않기에 덕이 없다.'라는 뜻입니다. 즉, 하덕이란 최하의 덕을 말하는 것으로 덕을 잃으려 하지 않기에 덕이 없다는 것입니다. 그러니까 하덕은 스스로 덕을 드러내려고 하기 때문에 교만함을 품고 있다는 것입니다. 그런 까닭에 하덕을 덕이 없다는 것입니다.

또한 노자는 '하덕위지이유이위下德爲之而有以爲'라 말했습니다. 이는 '최하의 덕은 그것을 하는데도 부자연스럽다.'는 뜻입니다. 그러니까 하덕은 인위人爲하기에 무엇을 해도 억지로 해서 부자연스럽다는 것입니다. 인위를 따르는 것이 곧 하덕이 하는 일이라는 것입니다. 인위를 따르게 되면, 순리에서 벗어나게 되고, 그로인해 잘못되어지는 일이 생겨 문제가 되기 때문입니다. 그런 까닭에 인위는 상덕을 품지 못하고, 그것도 하덕 즉 최하의 덕을 품고 있는 것입니다.

이 이야기에서 보듯 인위를 따르지 말고 무위를 따라야 하는 것입니다. 그래야 상덕을 품고 살아가게 됨으로써 사람들에게 덕을 베풀고, 사람들로부터 존경을 받게 되는 것입니다.

그러나 인위를 따르게 되면 하덕을 품고 살아가게 됨으로써 사람들을 함부로 대하고 그로인해, 사람들로부터 욕을 먹고 손가락질을 받게 되고 조롱거리가 되는 것입니다.

이렇듯 상덕과 하덕은 엄청난 차이를 보입니다. 덕이 있고 없고는 그 사람 자체가 완전히 달라지는 것이기에 덕은 인간이 반드시 지녀야 할 품성인 것입니다. 그런 까닭에 덕을 쌓아야 하는 것입니다. 그리고 상덕을 품고 살아가게 되면 그것은 곧 성인의 길에 드는 거룩한 일입니다.

성인은 억지로 일을 처리하고 않고 말없이 가르침을 행한다.

모든 일이 생겨나도 말하지 않고, 생겨나게 하고도 소유하지 않는다.

무엇을 해도 드러내지 않으며, 공을 세우고도 거기에 기대지 않는다.

머물고자 하지 않으므로, 이룬 일이 허사로 돌아가지 않는다.

聖人處無爲之事 行不言之敎 萬物作焉而不辭 生而不有

爲而不恃 功成而弗居 夫唯弗居 是以不去

성인처무위지사 행불언지교 만물작언이불사 생이불유

위이불시 공성이불거 부유불거 시이불거

이는 노자의 《도덕경》 제2장의 나오는 말로 성인의 품성에 대해 잘 알게 합니다. 노자의 말처럼 성인이 무슨 일이든 억지로 처리하지 않는 것은 무위를 따르기 때문입니다. 모든 일이 생겨나도 말하지 않고, 생겨나게 하고도 소유하지 않고, 무엇을 해도 드러내지 않고, 공을 이루고도 내가 공을 세웠으니라고 하며 기대지도 않습니다. 이 모두는 무위하기 때문인 것입니다. 그래서 성인이 한 일은 허사虛事가 되는 것이 없는 것입니다. 그렇습니다. 그런 까닭에 노자는 덕을 쌓아야 한다고 말하는 것입니다. 상덕이야 말로 최고의 선이며, 최고의 품성인 것입니다.

인仁과 의義와 예禮

노자는 '인'과 '의'와 '예'에 대해 다음과 같이 말합니다.

첫째, 인에 대해 말합니다.

노자는 '상인위지이유이위上仁爲之而有以爲'라고 했습니다. 이는 '최상의 인은 그것을 하는데도 자연스럽다.'고 하는 뜻입니다. 그러니까 '인' 즉 '어짊'은 그 무엇을 해도 억지스럽지 않고 물 흐르듯이 유유하다는 것입니다. 억지로 하지 않으니까 문제가 되는 일을 만들지 않고, 거부감을 주지 않는 것입니다. 그런 까닭에 어진 사람에게는 적이 없고, 어디를 가든 그 주변에는 사람이 몰려드는 것입니다. 그런데 노자는 인이 생겨난 것은 도가 없어진 까닭이라고 말합니다. 이렇듯 도는 인보다 우위에 있는 거룩함인 것입니다.

둘째, 의에 대해 말합니다.

노자는 '상의위지이유이위上義爲之而有以爲'라 말했습니다. 이는 '최상의 의는 그것을 하는데 부자연스럽다.'는 뜻입니다. 그러니까 '의' 즉 '의로움'은 그 무엇을 하는데 있어 억지스럽기 때문에 자연스럽지 않다는 것입니다.

왜 그럴까요? 의로운 사람은 그 가슴 한 편엔 사람들에게 잘 보이고 싶은 마음을 갖고 있기 때문입니다. 물론 그렇지 않고 순수하게 의를 쫓아 하는 사람도 있지만, 그 중에는 의협심을 드러내려는 사람도 있는 까닭입니다. 그런데 노자는 의가 생겨난 것은 인이 없어진 까닭이라고 말합니다. 이렇듯 인은 의보다 우위에 있는 품성입니다.

셋째. 예에 대해 말합니다.

노자는 '상례위지이막지응 즉양비이잉지上禮爲之而莫之應 則攘臂而扔之'라고 말했습니다. 이는 '최상에 예는 그것을 하는데도 아무도 응

하지 않으면, 소매를 걷어 붙이고 언짢아 하며 억지로 끌어 잡아당긴다.'라는 뜻입니다. 그러니까 예는 무엇을 하는 데 있어 아무 반응이 없으면 소매를 걷어 붙이고 기분 나빠하며 억지로 끌어당긴다고 말합니다.

왜 그럴까요? 예를 지키는 사람은 그렇지 않은 사람을 못마땅하게 생각하고 불쾌하게 여기기 때문입니다. 예를 지키는 사람 입장에서는 예의가 없고 버릇없는 사람에 대해 충분히 있을 수 있는 일입니다. 그런데 노자는 예가 생겨난 것은 의가 없어진 까닭이라고 말합니다. 이렇듯 의는 예보다 우위에 있는 품성입니다.

노자의 말에서 알 수 있듯, 인이 생겨난 것은 도가 없어진 까닭이며, 의가 생겨난 것은 인이 없어진 까닭이며, 예가 생겨난 것은 의가 없어진 까닭이라는 것을 알 수 있습니다.

그리고 이어 노자는 '고실도이후덕 실덕이후인 실인이후의 실의이후례 부례자 충신지박 이란지수 故失道而後德 失德而後仁 失仁而後義 失義而後禮 夫禮者 忠信之薄 而亂之首'라고 말했습니다. 이는 '예는 충심과 믿음이 엷어진 후에 생긴 것인데, 이는 혼란의 시작이 된다. 앞서 인식한다는 것은 도의 꽃이며 어리석음의 시작인 것이다.'라는 뜻입니다. 그러니까 예가 생겨난 것은 충심과 믿음이 엷어져서 인데 그로인해 혼란스러움이 시작된다는 것입니다. 여기서 혼란스러움은 억지스러움, 무질서, 혼돈 등으로 인해 생기는 문제의 야기됨을 말합니다.

또한 노자는 '전식자 도지화 이우지시 前識者 道之華 而愚之始'라고 말했습니다. 이는 '인식한다는 것은 도의 꽃이며, 어리석음의 시작'이라는 뜻입니다. 그러니까 인식하는 것, 안다는 것은 어리석음의 원인이 된다는 것입니다. 이렇듯 노자는 인과 의와 예, 그리고 인식하는 것 즉 안다는 것, 그리고 아는 것으로 인한 어리석음 등은 모두 도가 없어진 데 따르는 일이라는 것입니다. 이처럼 도는 높고 우뚝한 이상이자 가치라는 것을 알 수 있습니다.

◇◇◇

되돌아감은 도의 움직임이고, 약함이 도의 작용이다.
온 세상 만물은 있음에서 생겨나고, 있음은 없음에서 생겨난다.

反者道之動 弱者道之用 天下萬物生於有 有生於無
반자도지동 약자도지용 천하만물생어유 유생어무

이는 노자의 《도덕경》 제40장에 나오는 말로, 도가 무엇이며, 어떤 작용을 하는지를 함축적으로 잘 알게 합니다. 그러니까 본래대로 되돌아가려는 것이 도이며, 유약함이 도의 작용이라는 것입니다. 그리고 세상 만물은 '있음'에서 생겨났지만, 있음은 '없음'에서 생겨난다고 함으로써, 노자 특유의 논리를 잘 보여줍니다. 결론적으로 세상의 모든 작용은 도에서 비롯되었는 바, 거기에 발생되는 모든 일들은 도가 없어진 까닭이라는 것입니다. 그런 까닭에 노자는 도를 깨치기 위해 힘써 노력해야 함을 말하는 것입니다.

무위를 따름으로 덕을 쌓다

◇◇◇

그런 까닭에 대장부는 두터움에 처하되 엷음에 처하지 않는다.

그 열매에 처하되, 그 화려함에 머물지 않는다.

그러므로 그것은 버리고 이것을 택하는 것이다.

是以大丈夫處其厚 不居基薄 處基實 不去基華 故去彼取此

시이대장부처기후 불거기박 처기실 불거기화 고거피취차

이는 노자의 《도덕경》 제38장에 나오는 말로 '대장부는 두터움 즉, 상덕에 처신하며 엷음 즉, 경박함에 처신하지 않는다고 말합니다. 그리고 그 열매 즉 상덕에 처신하며 꾸밈 즉 가식적인 것에 머물지 않는다고 말합니다. 그런 까닭에 온당치 못한 것은 버리되, 온당한 것은 취한다.'는 것입니다.

이는 무엇을 말하는 걸까요? 그러니까 상덕이 아닌 것으로 행하지 말고, 상덕인 것으로 행하라는 말입니다.

《조화로운 삶》의 공동저자인 헬렌 니어링Helen Nearing과 스코트 니어링Scott Nearing은 부부로 번잡한 도시를 떠나 버몬트의 작은 마을로 이주하였습니다. 그리고 20년 넘은 세월을 그곳에서 살며 하루에 노동 4시간, 지적활동 4시간, 친교활동 4시간을 원칙으로 삼고 실천하는 삶을 살았습니다.

버몬트 작은 마을에 이주하기 전엔 헬렌 니어링은 바이올린을 전공했고, 유럽 여러 나라를 자유롭게 여행하는 등 문명생활을 즐기며 살았습니다. 스코트 니어링은 저술과 강연으로 사람들에게 널리 알려진 저명한 교수 출신 인사입니다. 화려한 경력을 가진 이들이 버몬트로 이주한 것은 자본주의와 제국주의 사회의 대안으로 '생태적 자치사회'를 실천하기 위한 것이었습니다. 이들은 기계를 사용하지 않고 되도록 손을 이용해 일했으며, 자급자족을 통해 최소한의 먹을 것을 생산했으며, 돈을 모으지 않고, 고기를 먹지 않는 단순한 삶을 살았습니다. 이들의 삶은 전 세계적으로 귀농과 채식의 붐을 일으켰으며, 한 마디로 새로운 삶을 모색하여 제시한 이상적 삶의 구현자라고 할 수 있습니다.

헬렌 니어링 부부는 좋은 환경을 가졌지만—물론 자본주의와 제국주의 사회의 대안으로 '생태적 자치사회'를 실천하기 위한 것이었다 해도―무위를 따르기 위한 삶을 살았다고 할 수 있습니다. 그들 부부는 20년 동안 기계를 사용하지 않음으로써 땅을 파헤치는 일도 없었으며, 먹을 만큼만 자급자족함으로써 자연을 훼손시키고 낭비하는 일 또한 없었습니다. 그리고 고기를 먹지 않음으로써 생명을 살생하지 않았습니다. 한 마디로 말해 그들은 있는 그대로를 보존하며, 최소한의 것으로 생활했던 것입니다.

이를 노자의 관점에서 본다면, '시이대장부처기후 불거기박 처기실 불거기화 고거피취차是以大丈夫處其厚 不居基薄 處基實 不去基華 故去彼取此'라고 할 수 있습니다. 이는 '그런 까닭에 대장부는 두터움에 처하되 엷음에 처하지 않는다. 그 열매에 처하되, 그 화려함에 머물지 않는다. 그러므로 그것은 버리고 이것을 택하는 것이다.'라는 뜻입니다. 그러니까 헬렌 니어링 부부가 행했던 삶은 인위를 따르지 않고 무위를 따랐다고 할 수 있습니다. 여기서 한 가지 짚고 갈 것은 노자가 말하는 대장부라는 의미는 상덕을 따르는 성인을 말합니다.

그런데 헬렌 니어링 부부는 성인은 아닙니다. 하지만 그들은 성인이 지닌 상덕을 따르기 위해 노력한 것으로 볼 수 있습니다. 그들이 행한 삶은 그 누구도 행하기 어려운 무위의 삶이었기 때문입니다. 그렇습니다. 헬렌 니어링 부부는 무위를 따름으로써 덕을 쌓았던 것입니다. 그들이 쌓은 덕은 '전 세계적으로 귀농과 채식의 붐'을 일으키는 놀라운 역사를 이뤄냈습니다. 많은 사람들이 그들 부부처럼 살려고 노력했던 것입니다.

이를 노자의 관점에서 본다면, '상덕부덕 시이유덕上德不德 是以有德'이라 즉, '최상의 덕은 덕이라 하지 않으므로 덕이 있다.'고 한 것과 같다 하겠습니다. 또한 '상덕무위이무이위上德無爲而無以爲'라 즉, '최상의 덕은 아무것도 하지 않으면서 위해서 하는 것이 없다.'는 것과 같다 하겠습니다.

우리는 너나할 것 없이 성인처럼 상덕을 행하며 살기는 힘듭니다. 거듭 말하지만 그것은 높은 수양을 쌓는 고통이 따르는 일이므로, 인간으로서의 한계를 극복해야만이 할 수 있는 일이기 때문입니다. 하지만 무위를 따르고자 노력한다면, 헬렌 니어링 부부가 그랬듯이 상덕은 아니지만, 인간으로서 가치 있는 삶을 살아가게 될 것입니다.

02

강한 자에 대한 심판

강한 자는 제명대로 살지 못한다.
나는 이것을 장차 가르침의 아버지로 삼을 것이다.

＊

強梁者不得其死 吾將以爲教父
강량자부득기사 오장이위교부

강함에 대해 말하다

사람들은 대개 진정으로 강強한 것을 '굳세고 강력한 것'이라고 말합니다. 이는 눈에 보이는 형상을 보고 하는 말입니다.

그러나 노자는 진정으로 강한 것은 부드러운 것이라고 말합니다. 부드럽다는 것은 약한 것이 아니라, 그 부드러움으로 강함을 포용하기 때문입니다. 풀을 보세요. 아기볼처럼 한 없이 부드럽지만 태풍에도 부러지는 법이 없습니다. 그 부드러움으로 바람을 맞아들여 바람이 부는 대로 몸을 움직이기 때문입니다. 이를 순응順應이라고 합니다. 순응하면 문제가 생기지 않습니다. 그런 까닭에 풀은 부러지지 않는 것입니다. 하지만 단단한 나무나 전봇대를 보세요. 한없이 단단한 나무나 전봇대는 부러지고 맙니다. 바람이 부는 대로 몸을 움직이지 못하기 때문입니다. 즉, 순응을 하지 못하니까 바람을 이겨내지 못해 꺾이고 부러지는 것입니다.

노자는 《도덕경》 제43장에서 '천하지지유 치빙천하지지견 天下之至柔 馳騁天下之至堅'이라 말했습니다. 이는 '세상에서 지극히 부드러운 것이 세상에서 가장 단단한 것을 부린다.'는 뜻입니다. 그러니까 단단한 것을 부리는 것은 그보다 더 단단하고 강한 것이 아니라, 풀처럼 부드러운 것이라는 것을 알 수 있습니다.

그런데 사람들 중엔 강한 것은 '힘'이라고 믿고, 그 힘에 의지해 매사를 처리하려고 하는 것을 종종 보게 됩니다. 물론 힘으로 해서 되는 것이 있습니다. 하지만 순리에 의한 것이어야 합니다. 그렇지 않고 힘에 의해 강압적으로 한다거나, 해서 일을 처리하려고 한다면 이는 대단히 잘못된 일로 그에 대한 대가를 톡톡히 치르게 됩니다.

총을 잘 쏘는 사람은 총에 맞아 죽는 법이고, 주먹을 잘 쓰는 자는 주먹에 맞아 죽고, 칼을 잘 쓰는 자는 칼에 죽는 법이고, 권력을 함부로 휘두르는 자는 권력에 의해 제거되는 법입니다. 힘은 정당한 방법으로 써야 힘이 되지만, 부당하게 쓰면 그것은 힘이 아니라 폭력이 되는 것입니다. 그런 까닭에 힘은 정당할 때만 힘으로서 가치를 지니는 법입니다. 그러기 때문에 힘은 강한 것이 아니라 약한 것이고, 강함은 곧 약한 것입니다.

그러나 부드러움은 언제 어디서나 변함이 없습니다. 늘 일정하게 작용하기 때문입니다. 그런 까닭에 부드러움이야말로 변함이 없는 강함인 것입니다. 그렇다면 문제는 간단합니다. 매사에 온유한 성품으로 부드럽게 말하고, 부드럽게 행동하며, 부드럽게 사람을 대하면 됩니다. 사람들은 그런 사람에게 관심을 갖게 되고, 그런 사람과 잘 지내기를 바랍니다. 그래서 부드러운 사람 즉 어질고 온유한 사람주변엔 늘 사람이 있습니다. 그리고 이런 사람이야말로 진정 강한 사람입니다. 그렇습니다. '유柔'가 '강强'을 이기는 법입니다.

강포한 자는 반드시 대가를 치른다

자신을 강하다고 여기는 사람은 동서고금을 막론하고, 자만심과 교만함으로 가득 차 있음을 알 수 있습니다. 자신들이 믿는 '힘'을 믿는 까닭입니다.

그러나 그들은 그 힘이 영원한 것이 아니라는 걸 모릅니다. 그러다보니 영원히 살 것처럼 권력을 휘두르고, 사람들을 해치고 고통

속으로 밀어 넣습니다. 그러고도 그들은 그것이 잘못이라는 걸 모릅니다. 오직 자신의 자리를 지키기 위한 수단으로 삼을 뿐입니다. 하지만 세상은 그런 자를 언제까지나 두고 보지만은 않습니다. 반드시 그들이 저지른 죗값을 치르게 함으로써 온당치 못한 것에 대한 심판을 했던 것입니다.

이에 대해 노자는《도덕경》제42장에서 '강량자블득기사强梁者不得基死'라 말했습니다. 이는 '강한 자는 제명대로 살지 못한다.'는 뜻입니다. 그러니까 강한 자 즉 강포한 자는 반드시 대가를 치르게 된다는 것입니다. 이를 잘 알게 하는 이야기입니다.

중국 춘추전국시대 때 항우項羽는 시황제에 의해 멸망한 초나라의 귀족 출신으로 시황제가 죽고 나라가 혼란에 빠지자 군대를 일으켜 힘을 키웠습니다. 그러고 나서 그가 진나라 대군에게 대승을 거두자 각지의 반군이 항우의 휘하로 몰려들었습니다. 세력을 키운 항우는 거칠 것이 없었습니다. 그 누구도 그의 상대가 되지 않았습니다. 그의 상대로는 유방劉邦뿐이었습니다. 유방이 진나라 도읍인 함양에 입성하여 진왕 영의 항복을 받고 옥새를 넘겨 받았습니다. 유방은 진나라 백성들을 따뜻하게 대해주었습니다.

그런데 뒤늦게 함양에 도착한 항우에게 유방은 쫓겨나고 말았습니다. 항우는 진왕 영을 척살하고 아방궁을 불태우며 노략질을 일삼았습니다. 포악의 극치였습니다. 항우는 자신이 황제로 추대했던 의제를 살해함으로써 백성들로부터 원성을 샀습니다. 그러자 백성들의 마음은 유방에게로 쏠렸습니다. 여기저기서 모여든 병력으로 유방의 군대는 60만 대군을 형성하였습니다. 제나라 내전을 수습하러 항우가 자리를 비운 틈을 타 팽성을 점령하여 항우의 보물과 여자들을 자신의 수중에 넣었습니다. 이를 알고 달려온 항우와의 싸움에서 유방은 크게 패했습니다.

그러나 세력을 키운 유방과 항우는 마지막 결전을 벌였습니다. 이른바 해하전투가 그것입니다. 유방에게는 천하의 지략가인 장량과 용장인 한신, 팽월이 있었습니다. 이 싸움에서 패한 항우는 자결하고 말았습니다. 이로써 최후의 승리자는 유방이 되었습니다.

그렇다면 용맹하고 무예가 출중해 천하호걸이라 일컬음을 받은 항우는 왜 패장이 되었을까, 라는 생각에 이르게 됩니다. 그것은 바로 그의 흉포한 성품과 교만과 오만이 빚은 결과였습니다. 항우는 의심이 많고 그 누구의 말도 잘 믿지 않았습니다. 그가 승승장구하는 데 큰 도움을 준 책사 범증 마저 내친 폭군이었습니다. 특히 교만은 그의 포악한 성격을 더욱 포악하게 만들었으며 그의 이성을 흐리게 한 주범이었습니다.

"내가 군사를 일으킨 지 8년 동안 70여 차례를 싸웠으나 단 한 번도 패한 적이 없다, 모든 싸움에 이겨서 천하를 얻었으나 여기서 곤경에 빠졌다. 이것은 하늘이 나를 버려서이지, 내가 싸움을 잘못한 것은 아니다. 오늘 여기서 세 번 싸워서 모두 이기면 하늘이 나를 망하게 한 것이지 내가 싸움을 잘못한 게 아니란 것을 알 것이다."

이는 항우가 해하전투에서 자신에 대해 스스로를 평가한 말로 그가 얼마나 교만하고 오만한 자인지를 잘 알게 합니다. 반면, 유방은 일자무식의 건달 출신이었으나 성품이 온화하고 자신의 주변 사람들을 믿고 신뢰함으로써, 주변 사람과 백성 들에게 믿음과 신뢰를 줌으로써 인정받았습니다. 이로써 유방은 한나라의 고조가 되었던 것입니다.

항우가 패한 원인을 몇 가지로 살펴보겠습니다.

첫째, 가볍게 행동하고 조급한 성품을 지녔습니다.

항우는 무술이 뛰어나고, 힘이 셌지만 행동이 가볍고 성미가 조급해서 사람들을 힘들게 했습니다. 그의 참모와 부하장수 들은 언제 어떻게 변할지 모르는 그의 포악함에 늘 마음 조려하였습니다. 이것이 그가 패한 원인 중 하나입니다.

노자는 《도덕경》 제26장에서 '경즉실근 조즉실군輕則失根 躁則失君'이라고 말했습니다. 이는 '가볍게 처신하면 그 근본을 잃게 되고, 조급하게 행동하면 임금의 자리를 잃게 된다.'는 뜻입니다. 노자의 말대로 항우는 모난 성품 탓에 패장이 되었던 것입니다.

둘째, 마음이 강하고 흉포했습니다.

항우는 자신이 황제로 세운 의제를 살해하고, 자신에게 거스르는 사람들은 닥치는 대로 살상했습니다. 그로인해 백성들로부터 원성을 샀습니다. 그의 강한 성격과 흉포함이 그가 패한 원인이었습니다.

노자는 《도덕경》 제55장에서 '심사기왈강 물장즉로 시위지부도 부도조이心使氣曰强 物壯則老 是謂之不道 不道早已'라고 말했습니다. 이는

'마음이 기를 부려대는 것을 강이라고 한다. 만물이 자라면 노쇠하게 되니, 도가 아닌 까닭이다. 도에 맞지 않으면 일찍 끝난다.'라는 뜻입니다. 그러니까 강포함을 부리면 기가 쇠해져서 제명을 다하지 못한다는 것입니다. 이것이 그가 패한 원인 이었습니다.

셋째, 순리를 따르지 않고 자신의 권력에 집착하였습니다.

항우는 일을 처리함에 있어 순리를 따르지 않고, 억지를 부리거나 자기 기분이 내키는 대로 처리했습니다. 또한 자신의 권력에 집착해 조금이라도 자신의 권위에 도전하는 눈치가 있다고 생각하면 가차 없이 처단하였습니다. 이것이 그가 패한 원인입니다.

노자는 《도덕경》 제64장에서 '위자패지 집자실지爲者敗之 執者失之'라고 말했습니다. 이는 '억지로 하는 자 실패하고, 집착하는 자 잃게 된다.'는 뜻입니다. 그러니까 그의 억지스러움과 집착이 패한 원인이었던 것입니다.

넷째, 화를 잘 내고 스스로를 높이고 교만하였습니다.

항우는 무엇이든 자신의 뜻에 맞지 않으면 분노하였습니다. 그리고 스스로를 높이고 교만하였습니다. 그러다보니 그를 진심으로 따르는 부하장수가 없었습니다. 이것이 그가 패한 원인입니다.

노자는 《도덕경》 제68장에서 '선위사자불무 선전자불노 선승적자불여 선용인자위지하 시위부쟁지덕 시위용인지력 시위배천고지극善爲士者不武 善戰者不怒 善勝敵者不與 善用人者爲之下 是謂不爭之德 是謂用人之力 是謂配天古之極'이라고 말했습니다. 이는 '훌륭한 장수는 무용을 자랑치 않고, 싸움을 잘하는 장수는 성내지 않는다. 훌륭한 승리자는 다투지 않고, 사람을 잘 쓰는 자는 스스로를 낮춘다. 이를 일러 다투지 않는 덕이라 하고, 이를 일러 사람씀의 능력이라 한다. 이를 일러 하늘과 짝함이라 하는데, 예로부터 내려오는 지극한 원리이다.'라는 뜻입니다. 그러니까 그가 화를 잘 냄과 교만함과 사람을 잘 쓰지 못한 것이 패한 원인이었습니다.

이상에서 살펴본바와 같이 노자가 말하는 네 가지 관점에서 볼 때 항우는 패할 수밖에 없었다는 걸 알 수 있습니다.

노자는 《도덕경》 제66장에서 '시이욕상민 필이언하지 욕선민 필이신후지 시이성인처상이민부중 처전이민불해 시이천하락추이불염 이기부쟁 고천하막능여지쟁是以欲上民 必以言下之 欲先民 必以身後之 是以聖人處上而民不重 處前而民不害 是以天下樂推而不厭 以其不爭 故天下莫能與之爭 '이라고 말했습니다.

이는 '그런 까닭에 백성 위에 있고자 하면 반드시 스스로를 낮추어 말을 하고, 백성보다 앞에 서고자 하면 반드시 스스로 자신을 그들보다 뒤에 두어야 한다. 그러므로 성인은 위에 있어도 백성이 부담스러워하지 않고, 앞에 있어도 백성이 그를 해롭게 여기지 않는다. 그래서 세상 모든 사람이 그를 즐거이 추대하고 싫어하지 않는 것이다. 그는 다투지 않기에 세상에서 아무도 그와 다툴 수 없다.'는 뜻입니다.

진정한 지도자는 백성 위에 군림해서는 안 됩니다. 스스로를 낮출 수 있어야 하고, 백성보다 뒤에 있어야 합니다. 오직 덕으로 백성들을 대하고, 나라를 다스려야 하는 것입니다. 그래야 백성들이 그를 두려워하지 않고 즐거운 마음으로 우러러 바라보게 되는 것입니다. 이처럼 온유하고 어진 마음으로 백성과 나라를 다스리는 임금이야 말로 진정으로 강한 자인 것입니다.

> "우리가 하는 일은 늘 생각하고 궁리하는 데 따라 생기기 마련이고 노력함으로써 이루어지게 된다. 그러나 한 가지 생각할 것은 누구나 한 가지 일을 이루고 나면 만족하고 교만해지는 이유로 실패하는 일이 많다."

이는 《관자管子》에 나오는 말로 사람은 만족할수록 자신을 낮추어야 교만으로 인한 실패를 막을 수 있음을 알 수 있습니다. 옳은 말입니다. 항우가 모든 것을 가졌음에도 패망에 이른 것은 강포함과 교만으로부터 자신을 지키지 못한 데 있듯, 늘 자신을 돌아보고 살핌으로써 강포함과 교만을 멀리하는 지혜로운 삶을 살아야 합니다.

부드러운 것이 진정 강한 것이다

⊘⊘⊘

천하에 물보다 부드럽고 약한 것은 없다.

그러면서도 굳세고 강한 것을 공격하는 데는

물보다 나은 것이 없으니, 그 어떤 것으로도 물을 대신할 것이 없다.

약한 것이 강함을 이기고, 부드러운 것이 단단한 것을

이기는 것을 천하에서 모르는 사람이 없지만,

아무도 행하지 않는다.

天下莫柔弱於水 而功堅强者 莫之能勝 以基無以易之

弱之勝强 柔之勝剛 天下莫不知 莫能行

천하막유약어수 이공견강자 막지능승 이기무이역지

약지승강 유지승강 천하막부지 막능행

노자는 《도덕경》 제78장에서 '세상에서 가장 부드러운 대상을 물
로 삼고 이르되, 또한 물이 가장 강하다.'고 말합니다. 그리고 이르기
를 '굳세고 강한 것을 공격하는 데는 물보다 나은 것이 없다.'고 말합

니다. 역사적으로 볼 때 전쟁에서 수공水攻이 매우 유용한 전쟁수단이었다는 것을 알 수 있습니다. 이는 그만큼 물이 강력한 공격수단이었음을 단적으로 말해주는 것입니다.

고구려 영양왕 23년612년 수나라 수양제는 113만이 넘는 대군을 거느리고 고구려를 침공하였습니다. 그 중 수군은 서해를 건너 평양성을 공격했지만 대패하였습니다. 수양제가 거느린 군대는 요동성을 포위하여 공격했지만 역시 실패하고 말았습니다. 그러자 수양제는 별동대 30만 5천 명을 압록강 서쪽에 집결시켜 평양성을 공격할 계획을 세웠습니다. 하지만 그 계획을 눈치 챈 을지문덕은 수나라 별동대를 유인하였습니다.

을지문덕의 계략에 걸려든 수나라 군대는 압록강과 살수를 건너 평양성 부근까지 깊숙이 쳐들어왔습니다. 이때 을지문덕은 수군에게 거짓으로 항복하여 적진으로 들어가 수군의 동태를 살피고 돌아왔습니다. 그리고 평양성까지 들어온 수나라 장수 우중문에게 그의 어리석음을 조롱하는 시를 적어 보냈습니다. 우중문은 속은 것을 알고 퇴각을 명령했고, 을지문덕은 수나라 군대가 살수를 반쯤 건넜을 때 미리 설치해둔 부교를 끊어버렸습니다. 그 순간 강을 건너던 수나라 병사들은 수몰되어 목숨을 잃고 말았습니다. 30만 5천 명 중 살아 돌아간 수나라 병사들은 고작 3천 명도 안 되었습니다.

을지문덕이 수나라 대군을 물리칠 수 있었던 것은 수공법이었습니다. 물을 가뒀다가 순식간에 둑을 터트려 공격하는 이 수공은 그 효과가 매우 큽니다. 그런 까닭에 오랜 시절부터 근대에 이르기까지 수공은 널리 쓰이던 공격수단이었습니다.

이는 무엇을 말하는 걸까요? 물은 유유히 흐르면 한없이 부드럽지만, 물은 가둬두었다가 흘려보내면 엄청난 파괴력으로 다리든, 집이든, 그 무엇이든 순식간에 휩쓸어 버립니다. 장마가 질 때 산천초목을 완전히 쑥대밭으로 만들어 놓는 걸 보면, 참으로 무서운 존재가 물이라는 걸 알 수 있습니다. 그렇습니다. 물은 부드러울 땐 한없이 부드럽지만, 한 번 화가 나면 그 무엇으로도 물을 이기지 못합니다. 그런 까닭에 부드러운 것이 진정 강하다는 노자의 말은 설득력을 지니는 것입니다.

그런데 여기서 한 가지 짚고자 하는 것은 노자가 사람들을 향해 안타까움을 드러낸 말입니다. '약지승강 유지승강 천하막부지 막능행弱之勝强 柔之勝剛 天下莫不知 莫能行'이라 즉, '약한 것이 강함을 이기고, 부드러운 것이 단단한 것을 이기는 것을 천하에서 모르는 사람이 없지만, 아무도 행하지 않는다.'는 말이 그렇습니다.

아는데도 왜 이를 행하지 않느냐는 노자의 말이 가슴을 잔잔하게 울립니다. 인생이 깊어갈수록 노자의 말을 가슴에 품고 좀 더 부드럽고, 온유한 마음으로 살아야 합니다. 그것이 자신은 물론 가족에게도, 친구나 주변 사람에게도 자신의 뒷모습을 아름답게 남기는 지혜로운 일이니까요.

03

만족할 줄 알면 욕되지 않고, 그칠 줄 알면 위태롭지 않다

명성과 몸 중에 어느 것이 더 친한가.

몸과 재물 중 어느 것이 더 중한가.

얻음과 잃음 어느 것이 더 해로운 것인가.

그런 까닭에 지나치게 아끼면 그만큼 낭비가 크고,

너무 많이 아끼면 반드시 크게 잃게 된다.

만족할 줄 알면 욕되지 않고, 그칠 줄 알면 위태롭지 않다.

그리하여 영원토록 지속될 수 있다.

*

名與身孰親 身與貨孰多 得與亡孰病 是故甚愛必大費

多藏必厚亡 知足不辱 知止不殆 可以長久

명여신숙친 신여화숙다 득여망숙병 시고심애필대비

다장필후망 지족불욕 지지불태 가이장구

만족할 줄 알면 욕되지 않고,
그칠 줄 알면 위태롭지 않다

만족이란 사전적 의미는 '마음의 흡족함', '모자람이 없이 충분하고 넉넉함'입니다. 그러니까 부족함이 없이 꽉 차 완전히 족하다는 것입니다. 사람은 만족을 느끼게 되면 무한한 행복감에 감격하게 됩니다. 그런 까닭에 사람들은 만족에 목말라 하는 것입니다.

그런데 문제는 만족하는데도 지금보다 더 만족하기 위해 욕심을 부린다는 데 있습니다. 그러다보니 불법적인 일도, 양심을 저버리는 행위도 아무렇지도 않게 행하고, 사람들로부터 비난 받는 일도 서슴지 않는 사람들이 있습니다. 하지만 그것이 잘못인 줄도 모릅니다. 설령, 안다고 해도 거리낌 없이 행합니다.

노자는 《도덕경》제44장에서 '지족불욕 지지불태 가이장구知足不辱 知止不殆 可以長久'라고 말했습니다. 이는 '만족할 줄 알면 욕되지 않고, 그칠 줄 알면 위태롭지 않다. 그리하여 영원토록 지속될 수 있다.'는 뜻입니다. 그러니까 노자가 말하는 만족은 스스로가 느끼는 만족을 말하는 것으로, 이러한 만족을 알면 욕되지 않는다는 것입니다. 사람마다 행복을 느끼는 정도도, 만족을 느끼는 정도도 다 다르지만, 스스로 만족하면 그것이 그 사람에게는 최상의 만족이며 곧 행복이 되기에 욕되지 않는 것입니다.

그러나 만족하면서도 더 큰 만족을 위해 욕심을 부리니까, 스스로를 욕되게 함으로써 지탄을 받는 것입니다. 그리고 노자는 이렇게 말합니다. '명여신숙친 신여화숙다 득여망숙병名與身孰親 身與貨孰多 得與亡孰病'이라 즉, '명성과 몸 중에 어느 것이 더 친한가. 몸과 재물 중 어느 것이 더 중한가. 얻음과 잃음 어느 것이 더 해로운 것인가.'라고 말입니다. 그리고 이어 '시고심애필대비 다장필후망是故甚愛必大費 多藏必厚亡'이라 즉, '그런 까닭에 지나치게 아끼면 그만큼 낭비가 크고, 너무 많이 아끼면 반드시 크게 잃게 된다.'고 말합니다.

아끼다보면 절약도 되지만, 또 한 편으로는 자칫 낭비가 되는 일이 발생해 손해보는 일이 생기기도 합니다. 그리고 너무 아끼다 보면 또 크게 잃는 경우도 생긴다는 게 노자의 생각입니다.

왜 그럴까요? 쓸 데는 써야 하는 것입니다. 써야 할 때 쓰지 않으면, 수전노라는 소리를 듣게 되고 사람들로부터 손가락질을 받게 되기 때문입니다. 그렇습니다. 아낄 땐 아끼되, 쓸 때는 써야 하는 것입니다. 그래야 모든 것이 평탄케 됨으로써 진정한 만족을 느끼게 되는 것입니다.

지족가락무람즉우知足可樂務貪則憂

이는 《경행록景行錄》에 나오는 말로 '만족함을 얻으면 즐거울 것이며, 탐내기를 힘쓰면 근심이 생긴다.'는 말입니다. 자신이 진정 만족함을 얻어 즐겁게 살고 싶다면, 스스로 만족하는 데 힘쓰기 바랍니다. 또한 탐내기를 멀리하고, 분수를 지키며 살아야 하겠습니다.

만족한 줄 아는 데서 얻는 만족

◇◇◇

세상에 도가 있으면 달리던 말이 그 거름으로 땅을 비옥하게 한다.
세상이 도가 없으면 전쟁에 끌려간 말이 성 밖에서 태어난다.
화는 만족할 줄 모르는 것보다 더 큰 것이 없고,
허물은 갖고자 하는 욕심보다 더 큰 것이 없다.
그러므로 만족한 줄 아는 데서 얻는 만족이야말로 늘 만족하게 한다.

天下有道 卻走馬以糞 天下無道 戎馬生於郊
禍莫大於不知足 咎莫大於欲得 故知足之足 常足矣
천하유도 각주마이분 천하무도 융마생어교
화막대어부지족 구막대어욕득 고지족지족 상족의

이는 노자의 《도덕경》 제46장에 나오는 말로, 노자는 네 가지 관점에서 만족에 대해 말합니다.

첫째, 세상에 도가 있으면 달리던 말이 그 거름으로 땅을 비옥하게 합니다.

노자는 세상에 도가 있으면 달리던 말 즉 병마가 거름을 내어 땅을 비옥하게 한다는 것입니다. 전쟁에 쓰이던 말이 농사를 짓는 말이 된다는 것은 평화로움을 뜻하는 것으로 이는 사람이라면 누구나 바라는 마음입니다. 아무리 좋은 걸 소유했다 하더라도, 불안하고 초조하면 만족을 느끼지 못합니다. 하지만 마음이 평안하면 작은 일에도 만족하게 되는 것입니다.

둘째, 세상에 도가 없으면 전쟁에 끌려간 말이 성 밖에서 태어납니다.

노자는 세상에 도가 없으면 전쟁에 나간 말이 전쟁터에서 새끼를 밴다는 것입니다. 전쟁터에서 새끼를 낳는다는 것은 평안하지 않다는 것입니다. 그런 까닭에 두려움에 떨고 불만족하게 되는 것입니다.

셋째, 화는 만족할 줄 모르는 것보다 더 큰 것이 없습니다.

노자는 화는 만족할 줄 모르는 것보다 더 큰 것은 없다고 말하는 바, 화를 내면 화내는 사람 곁에 있는 사람들을 짜증내게 하고 분노하게 만듭니다. 그러니 어찌 만족감을 느낄 수 있을까요. 그런 까닭에 짜증을 내게 하고 분노하게 만들 뿐입니다.

넷째, 허물은 갖고자 하는 욕심보다 더 큰 것이 없습니다.

노자는 허물은 갖고자 욕심내는 것보다 더 큰 것은 없다고 말하는 바, 갖고자 욕심을 낸다는 것은 허물이라는 것입니다. 갖고자 욕심내는 것은 탐욕이기에 허물이라고 할 수 있습니다. 그런 까닭에 갖고자 욕심내는 것에선 만족을 느낄 수 없는 것입니다.

노자는 이 네 가지에 대해 말하며, 만족함을 아는 데서 얻는 만족이야말로 늘 만족하게 된다고 말합니다. 그렇습니다. 만족하며 사는 사람들은 대개 평안한 마음을 갖고 있습니다. 그러다보니 매사를 평안한 마음으로 대하게 되고, 모든 것을 긍정적으로 생각합니다. 그런 까닭에 그렇지 않은 사람에 비해 스스로에게 만족하게 되고, 주어진 환경 속에서 만족하기 위해 노력하게 되는 것입니다. 백번지당한 말입니다. 만족할 줄 아는 데서 얻는 만족이야말로 늘 자신을 만족하게 합니다. 그런 까닭에 스스로에게 만족할 줄 아는 삶을 살아야 하는 것입니다.

스스로를 만족하게 하기

|

아무리 지위가 높아도 본인이 만족하지 않으면, 그것은 만족이 아닙니다. 날마다 진수성찬을 먹고, 아무리 좋은 차를 굴리고, 아무리 좋

은 집에서 떵떵거리며 살고, 아무리 많은 돈이 금고에 들어 있어도 본인이 만족하지 않으면 이 또한 만족이 아닙니다.

또한 사랑하는 사람이나 친구 등 주변 사람들이 떠받들고 아무리 잘해주어도, 본인이 만족하지 않으면 그것은 만족이 아니라 공연한 일이 되고 마는 것입니다. 본인이 만족하지 않으면, 그 무엇으로도 스스로를 만족시킬 수 없기 때문입니다. 만족의 기쁨은 본인만이 느낄 수 있는 감정인 것입니다.

만족은 누가 주기도 하지만, 그런 만족은 잠시 뿐입니다. 오래가는 만족, 늘 만족하며 살기 위해서는 스스로 만족하는 지혜를 길러야 합니다. 그렇게 하기 위해서는 어떻게 해야 할까요?

첫째, 너무 크고 좋은 일에서만 만족을 느끼려고 하지 말아야 합니다.

만족을 느끼는 감정은 사람마다 다 다릅니다. 물론 보편적인 만족 즉 누구나 느낄 수 있는 감정은 같지만, 근본적으로는 본인의 감정에 달린 것이기에 같은 것을 손에 쥐어도 다른 것입니다. 자신이 만족함으로써 행복하고 싶다면 만족의 기준을 낮추는 것입니다. 만족의 기준을 낮추면 낮출수록 더 많은 것에서 만족함으로써 행복 또한 커지는 것이니까요.

둘째, 남이 만족시켜줄 것을 바라지 말아야 합니다.

사람들 중에는 사랑하는 사람이, 가족이, 친구가 그리고 주변 사람들이 자신에게 잘해주고, 자신을 기쁘게 해주길 바라는 이들이 있습니다. 그래서 이런 부류의 사람들은 남이 자신을 기쁘게 하고 만족하게 하면 좋아하다가도, 시간이 지나면 배터리가 소모되듯 언제 그랬느냐는 듯 시큰둥하고 맙니다. 그런 까닭에 남들이 주는 만족은 잠시 동안뿐입니다. 남이 만족시켜주길 절대 바라지 마세요.

셋째, 만족하기 위해서는 스스로 만족거리를 찾아야 합니다.

만족하며 잘사는 사람은 작은 일에도 감사하며 즐거워 합니다. 매사가 긍정적이며 능동적으로 행동합니다. 늘 에너지가 충만해 있습니다. 그러다보니 언짢은 일을 겪어도 아무렇지도 않게 툭툭 털어버립니다. 그런 까닭에 만족하기 위해서는 스스로 만족거리를 찾아야 하는 것입니다.

넷째, 남의 떡이 크다고 생각하지 말아야 합니다.

남과 자신을 비교하며 남의 떡이 더 크다고 속상해 하는 사람들이 있습니다. 이런 부류의 사람들은 문제가 많습니다. 그래서 이런 부류의 사람들은 웬만한 일에는 만족하지 못합니다. 그런 까닭에 남과 비교하는 것은 헛될 뿐입니다. 남과 비교할 시간에 자신의 내면을 알차게 가꾸기 바랍니다. 그것이야말로 자신을 만족으로 이끌어 줄 현명한 방법이니까요.

스스로 만족하는 지혜를 기르기 위한 방법을 네 가지 관점에서 살펴보았습니다. 이 네 가지를 가슴에 새겨 실천으로 옮길 수 있도록 노력하기 바랍니다. 그렇게 할 수 있다면 충분히 스스로를 만족하게 함으로써, 자신을 행복하게 할 수 있습니다.

"눈앞의 모든 일을 만족한 줄로 알고 보면 그것이 곧 선경仙境이며,

만족할 줄을 모르면 그것이 곧 속세이다.

세상에 나타나는 모든 원인을 잘 쓰면 생기生氣가 되고,

잘못 쓰면 살기殺氣가 된다."

이는 《채근담採根譚》에 나오는 말로 만족하며 산다는 것을 선경 즉 '경치가 그윽하고 신비로운 곳'으로 비유하는 바, 만족한다는 것이 그 얼마나 아름다운 삶인지를 잘 알게 합니다. 그리고 세상에서 일어나는 모든 일에서 원인을 잘 쓰면 생기 즉 '활발하고 생생한 기운'이 생겨 삶을 활기차게 살아가게 하는 데 도움이 된다고 말합니다.

그러나 잘못 쓰게 되면 살기 즉 '독살스런 기운'이 생겨 삶을 처지게 하고, 불안하게 함으로써 불행한 삶을 살게 되는 것입니다. 그렇습니다. 자신이 진정으로 행복하게 살기를 바란다면, 작은 일에도 감사하고 만족하기 바랍니다. 그래야 생기 넘치는 에너지를 몸과 마음에 가득 차게 함으로써, 매사에 있어 긍정적이고 능동적으로 살아가게 되는 것입니다.

04

도를 체득한 사람

그런 까닭에 성인은 방정하지만 가르지 않고,
예리하나 상처주지 않으며, 올곧지만 방자하지 않고,
빛나지만 눈부시지 않다.

*

是以聖人方而不割 廉而不劌 直而不肆 光而不耀
시이성인방이불할 렴이불귀 직이불사 광이불요

도를 체득한 사람

도道는 노자 사상의 핵심으로 《도덕경》에서 다각적으로 말합니다. 노자가 그처럼 도에 대해 말하는 것은 도를 보다 더 알림으로써 자신의 사상을 사람들에게 이해시키고, 받아들이게 하기 위한 방편이기 때문입니다. 그 방편 중 하나로 노자는 도를 체득한 사람에 대해 여러 관점에서 말합니다. 이를 세 가지 관점에서 살펴보고자 합니다.

첫째, 노자는 《도덕경》 제47장에서 '불출호 지천하 불규유 견천도 기출미원 기지미소 시이성인불행이지 불견이명 무위이성 不出戶 知天 下 不闚牖 見天道 其出彌遠 其知彌少 是以聖人不行而知 不見而名 無爲而成'이라 고 말했습니다.

이는 '문 밖에 나가지 않고도 천하를 다 알고, 창으로 내다보지 않고도 하늘의 도를 볼 수 있다. 멀리 나가면 나갈수록 그만큼 덜 알게 된다. 그러므로 성인은 돌아다니지 않고도 알고, 보지 않고도 훤하고, 억지로 하는 일 없이도 모든 것을 이룬다.'는 뜻입니다. 그러니까 도를 체득하게 되면 세상이치를 깨치게 됨으로써 마치 천리안을 가진 것처럼 밖에 나가지 않고도 세상 돌아가는 일을 다 안다는 것입니다. 그러기 때문에 매사에 있어 억지로 하는 일이 없음은 물론 자신이 뜻하는 바를 다 이룬다는 것입니다. 그런 까닭에 도를 체득하기 위해 힘써 노력하라는 것입니다.

둘째, 노자는 《도덕경》 제49장에서 '성인재천하흡흡언 위천하혼기심 백성개주기이목 성인개해지 聖人在天下歙歙焉 爲天下渾其心 百姓皆注 其耳目 聖人皆孩之'라고 말했습니다.

이는 '성인은 천하에 있으면서 모든 것을 거둬들여 천하를 위해 그 마음을 분별심이 없게 한다. 백성은 모두 귀를 세우고 눈을 모으지만, 성인은 그들을 모두 어린아이처럼 대한다.'라는 뜻입니다. 그러니까 도를 체득한 사람은 세상에 있으면서 모든 것 즉 만물을 거둬들여 세상을 위해 그 마음에 분별심 즉, 사물을 종류에 따라 구별하여 가르지 않게 한다는 것입니다. 그런 그를 보고 사람들은 모두 그를 향해 귀를 세워 듣기를 바라고 눈을 모아 바라보지만, 사람들을 모두 어린아이처럼 대한다는 것입니다.

어린아이란 무엇입니까? 순수함 그 자체입니다. 편을 가르거나 미워하지 않으며 함께 마음을 나란히 하는, 깨끗한 마음을 지닌 존재가 어린이의 본질인 것입니다. 그런데 도를 체득한 사람은 사람들을 어린아이처럼 대한다는 것은 그 또한 어린이의 마음과 같기 때문입니다. 그만큼 마음이 맑고 깨끗하다는 것입니다. 그런 까닭에 도를 체득하기 위해 노력하라는 것입니다.

셋째, 노자는 《도덕경》 제54장에서 '선건자불발 선포자불탈 자손이제사불철 수지어신 기덕내진 수지어가 기덕내여 수지어향 기덕내장 수지어국 기덕내풍 수지어천하 기덕내보 고이신관신 이가관가 이향관향 이국관국 이천하관천하 오하이지천하연재 이차善建者不拔 善抱者不脫 子孫以祭祀不輟 修之於身 其德乃眞 修之於家 其德乃餘 修之於鄕 其德乃長 修之於國 其德乃豊 修之於天下 其德乃普 故以身觀身 以家觀家 以鄕觀鄕 以國觀國 以天下觀天下 吾何以知天下然哉 以此'라고 말했습니다.

이는 '도를 잘 세운 사람은 뽑히지 않고, 도를 확실히 끌어안은 사람은 떨어져 나가지 않으니, 그 자손은 대대로 제사를 그치지 않게 될 것이다. 자신에게서 도를 닦으면 그 덕이 진실하게 되고, 집안에서 닦으면 그 덕이 넉넉하게 될 것이며, 마을에서 닦으면 그 덕이 오래 가고, 나라에서 닦으면 그 덕이 풍성해질 것이며, 세상에서 닦으면 그 덕이 널리 퍼지게 된다. 그러므로 자신을 통해서 자신을 보고, 집안을 통해서 집안을 보고, 마을을 통해 마을을 보고, 나라를 통해 나라를 보고, 세상을 통해 세상을 본다. 내가 어떻게 세상이 그렇다는 걸 알겠는가. 그것은 바로 이 같은 원칙 때문인 것이다.'라는 뜻입니다.

이는 무엇을 말하는 걸까요? 그러니까 도를 잘 세우고 확실히 마음에 품으면, 그 어떤 것에 의해서도 방해받지 않고 자신을 지켜내는 까닭에 자손대대로 정성을 바쳐 섬김을 받게 된다는 것입니다. 자신에게 도를 닦으면 진실하여 불의하지 않게 되고, 집안에서 도를 닦으면 덕이 넉넉하여 부족함이 없고, 마음에서 닦으면 장구하고, 나라에서 닦으면 덕이 풍성해지고, 세상에서 닦으면 덕이 널리 퍼져나가게 되어 덕스러운 세상이 되는 까닭에 자신과 집안과 마을과 나라와 세상은 제각각을 통해 보게 된다는 것이지요.

그런데 이 모든 것은 이러한 원칙에 의해서 자신이 알게 된다는 것입니다. 그런 까닭에 도를 체득하기 위해 노력하라는 것입니다.

그런 까닭에 성인은 방정하지만 가르지 않고,

예리하나 상처주지 않으며, 올곧지만 방자하지 않고,

빛나지만 눈부시지 않다.

是以聖人方而不割 廉而不劌 直而不肆 光而不耀

시이성인방이불할 렴이불귀 직이불사 광이불요

이는 노자의《도덕경》제58장에 나오는 내용으로 '성인 즉 도를 체득한 사람은 말이나 행동이 반듯하여 그 어떤 차별도 하지 않고, 사물에 대한 관찰과 판단이 정확하고, 날카롭지만 마음의 상처를 주지 않는다는 것입니다. 그리고 반듯하여 빈틈이 없지만 함부로 행동하거나 거만하지 않고, 맑은 햇살처럼 빛을 뿜어대지만 눈이 부시지 않는다.'는 뜻입니다.

노자의《도덕경》제58장은 앞에서 말한 도를 체득한 사람의 세 가지 관점에 대한 마무리 글이라고 해도 전혀 손색이 없습니다. 그것은 도를 체득한 사람의 마음가짐, 몸가짐을 함축적으로 잘 드러냈기 때문입니다. 그렇습니다. 도를 체득한 사람은 도량이 넓고 세상이치에 통달하여 무슨 일에든 막힘이 없고, 언제나 온유한 품성으로 모든 것은 포용함으로써 도가 지닌 본성을 잘 드러냅니다. 그런 까닭에 도를 체득한다는 것은 참으로 위대한 인간의 과업이라고 할 수 있습니다.

도에 대한 네 가지 고찰

노자는《도덕경》에서 도에 대해 다각적으로 설명하고 있습니다. 그

중 핵심이 되는 네 가지에 대한 생각을 살펴보도록 하겠습니다.

첫째, 노자는 《도덕경》 제37장에서 '도상무위이무불위 후왕약능수지 만물장자화 화이욕작 오장진지이무명지박 무명지박 부역장무욕 불욕이정 천하장자정 道常無爲而無不爲 侯王若能守之 萬物將自化 化而欲作 吾將鎭之以無名之樸 無名之樸 夫亦將無欲 不欲以靜 天下將自定'이라고 말했습니다.

이는 '도는 언제나 하는 일이 없지만 못하는 것이 없다. 임금이나 제후가 이를 지킬 수 있다면 만물은 저절로 달라진다. 저절로 달라지려 하거나 욕심이 생기게 되면 나는 이름 없는 통나무로 이를 억누를 것이다. 이름 없는 통나무로 하고자 하는 욕심도 없어질 것이다. 욕심을 부리지 아니하고 고요히 있으면 천하가 <u>스스</u>로 안정될 것이다.'라는 뜻입니다.

그러니까 도는 하는 일이 없는 것 같이 있는 듯 없는 듯하지만, 못하는 것이 없는 만능의 존재인 것입니다. 그런 까닭에 임금이 이를 행할 수 있다면 만물이 저절로 달라진다는 것입니다. 이런 임금이 있다면 그 또한 못하는 것이 없기 때문이지요.

그런데 달라지려고 하거나 욕심이 생기면 이름 없는 통나무로 그런 마음을 제어한다는 것입니다. 노자는 왜 하필이면 이름 없는 통나무로 억누를 것이다, 라고 했을까요? 이름이 없다는 것은 사소하고 보잘 것 없는 존재지만, 그 속에는 사심이 없는 무심한 존재인 까닭이지요. 그리고 이어 말하기를 욕심을 부리지 않고 조용히 있으면 세상이 안정될 것이라고 말합니다. 항상 문제가 있는 곳엔 그것이 무엇이든 탐욕이 함께하기 때문이지요. 그러나 욕심을 부리지 않으면 문제될 것이 없기에 세상이 안정 될 수밖에 없는 것입니다.

둘째, 노자는 《도덕경》 제51장에서 '도생지 덕축지 물형지 세성지 시이만물막부존도이귀덕 도지존 덕지귀 부막지명이상자연 고도생지 덕축지 장지육지 정지독지 양지복지 생이불유 위이불시 장이부재 시위현덕 道生之 德畜之 物形之 勢成之 是以萬物莫不存道而貴德 道之尊 德之貴 夫莫之命而常自然 故道生之 德畜之 長之育之 亭之毒之 養之覆之 生而不有 爲而不恃 長而不宰 是謂玄德'이라고 말했습니다.

이는 '도는 만물을 낳고, 덕은 만물을 길러준다. 만물은 형태를 갖추게 하여 형세를 완성하게 된다. 그런 까닭에 만물 중에서 도를 존중하고, 덕을 귀하게 여기지 않을 수 없다. 도를 존중하고 덕을 귀하게 여기지만, 아무도 명령하지 않아도 스스로 그렇게 되는 것이다. 그러므로 도는 만물을 낳고, 덕은 만물을 길러주며, 자라게 하고 길러주며, 보살펴주고, 덮어준다. 낳으나 소유하지 않고, 이루고도 기대려 하지 않으며, 기르나 지배하려 하지 않는다. 이를 일컬어 그윽한 덕이라고 한다.'는 뜻입니다. 그러니까 도는 세상의 근원인 바 만물을 낳으며, 덕은 만물을 길러준다는 것입니다.

그러기 때문에 만물 중에서 도를 존중하는 것이며, 덕을 귀하게 여긴다는 것입니다. 그리고 도는 만물을 낳고, 덕은 만물을 길러주며 보살펴주고 덮어준다는 것입니다.

그런데 도는 낳고도 가지려고 하지 않을 뿐만 아니라, 이루고도 거기에 기대지 않고, 길러주나 지배하지 않는다는 것입니다. 그런 까닭에 도에 대해 말하기를 '그윽한 덕'이라 부른다는 것입니다. 이처럼 도는 자신이 한 것에 대해 소유하려고 하지 않고, 탐하지 않기에 높고 우뚝한 덕을 지니는 것입니다.

셋째, 노자는 《도덕경》 제73장에서 '부쟁이선승 불언이선응 불소이자래 천연이선모 천망회회 소이불실 不爭而善勝 不言而善應 不召而自來 繟然而善謀 天網恢恢 疏而不失'이라고 말했습니다.

이는 '하늘의 도는 다투지 않고도 잘 이기고, 말하지 않아도 잘 대답하며, 부르지 않아도 저절로 찾아오고, 느긋하면서도 잘 꾸민다. 하늘의 그물은 넓어, 엉성한 것 같지만 놓치는 법이 없다.'는 뜻입니다. 그러니까 도는 다투지 않는데도 그 무엇에게도 지지 않고, 말을 하지 않는데도 잘 대답한다는 것입니다. 도는 앉아서도 모든 것을 훤히 꿰뚫는 까닭이지요. 또한 부르지도 않았는데 알아서 찾아오고, 느릿느릿 한데도 잘 꾸며 자신을 나타낸다는 것입니다. 그리고 말하기를 하늘의 그물은 넓어 아주 틈이 많은 것 같아도 놓치는 적이 없다고 말합니다.

이는 무엇을 말하는 걸까요? 이처럼 하늘의 도는 말없이 고요히 순리를 따르는 까닭에 모든 것에 자연스럽게 작용하고 근본이 되는 것입니다.

넷째, 노자는 《도덕경》 제77장에서 '천지도 기유장궁여 고자억지 하자거지 유여자손지 부족자보지 천지도 손유여이보부족 인지도즉 불연 손부족이봉유여 숙능유여이봉천하 유유도자 시이성인위이불시 공성이불처 기불욕견현 天之道 其猶張弓與 高者抑之 下者擧之 有餘者損之

不足者補之 天之道 損有餘而補不足 人之道則不然 損不足以奉有餘 孰能有餘以奉天
下 唯有道者 是以聖人爲而不恃 功成而不處 其不欲見賢'이라고 말했습니다.

이는 '하늘의 도는 활을 당기는 것과 같다. 높아지면 누르고 낮아
지면 올려준다. 남으면 덜어내고 모자라면 보태준다. 하늘의 도는 남
는 것을 덜어내어 모자라는 데에 보태지만, 사람의 도는 그렇지 않
으니, 모자라는 데서 덜어내어 남는 데에 바친다. 그 누가 남는 것을
가지고 세상을 위해 봉양할 수 있겠는가. 오로지 도 있는 사람만이
그렇게 할 수 있다. 그런 까닭에 성인은 하고도 기대려 하지 않고, 공
을 쌓으나 머물지 않는다. 그것은 자기의 현명함을 드러내지 않으려
하기 때문이다.'라는 뜻입니다.

그러니까 도는 모든 것이 일정하게 되도록 해준다는 것입니다. 높
아지면 누르고 낮아지면 올려주고, 남으면 덜어내고 모자라면 보태
준다는 것이지요. 그리고 말하기를 도 있는 사람만이 이렇게 할 수
있다는 것입니다. 그런 까닭에 도를 체득한 사람은 어디에도 의지하
지 않고, 공을 쌓아도 그 공에 매이지 않는데 이는 자신의 현명함을
드러내기 위한 것이라는 것입니다. 이처럼 도는 모든 것을 두루 살
펴 일정하게 하고, 자신이 공을 세워도 드러내지 않는 지혜로운 덕
을 지닌 존재인 것입니다.

노자가 말하는 도에 대해 네 가지 관점에서 생각해보았습니다. 한
마디로 함축하여 말한다면, 도는 무위를 따르기에 순리에서 벗어남
이 없고, 모든 것에 평등하고 너그러우며, 만물을 포용하기에 부족함

이 없는 존재라는 것을 알 수 있습니다. 도를 터득해야 하는 이유가 바로 여기에 있는 것입니다. 그런 까닭에 도를 체득하기 위해 각고의 노력이 필요한 것입니다.

도를 체득한 사람의 삶의 자세

어떤 노인이 정원에 나무를 심고 있었습니다. 노인의 얼굴에선 땀이 비 오듯 쏟아졌습니다.

"아, 덥다 더워. 하지만 부지런히 심어야지."

노인은 연신 수건으로 땀을 닦아 내면서도 쉬지 않고 계속해서 나무를 심고 또 심었습니다. 노인의 얼굴엔 기쁨으로 가득 차 있었습니다. 때마침 그 곳을 지나가던 나그네가 노인을 향해 말을 걸었습니다.

"어르신, 그 나무에서 언제 열매를 거둘 수 있다고 그렇게 열심히 나무를 심으십니까?"

"한 70년은 지난 뒤에야 결실을 볼 수 있을 것이오."

"네에, 그렇군요. 어르신께서 그토록 오래 사실 수 있으시겠습니까?"

나그네는 고개를 갸우뚱거리고 또 다시 물었습니다. 그러자 노인은 나그네를 바라보며 빙그레 웃었습니다. 그리고는 이내 말문을 열었습니다.

"아니오. 그렇게 살수 없지요. 내 나이가 지금 몇인데……."

"그럼, 왜 그토록 열심히 나무를 심으십니까?"

"그 이유를 꼭 알고 싶소?"

"네. 어르신."

"나는 이 나무에서 자란 열매를 먹지 못해요. 하지만, 내가 태어날 때도 많은 과일나무가 있었다오. 그 과일나무로 인해 나는 많은 열매를 먹을 수 있었소. 그런데 그 과일나무를 내 아버님께서 내가 태어나기도 전에 심어 놓으셨다오. 나 역시 내 아버님처럼 나무를 심어 놓으면 다음에 태어날 내 손자들이나 다른 사람들이 맛있게 먹게 될 것 아니겠소. 난 그런 마음으로 심는 거라오."

"네. 그런 뜻이 있으셨군요."

나그네는 노인의 말을 듣고, 깊은 감동을 받았습니다. 그리고는 그 자리에서 한동안 그대로 서 있었습니다.

이는 《탈무드》에 나오는 이야기로, 이 이야기 속의 주인공인 노인은 자신은 나이가 많아 나무가 자라 과실을 맺기 전에 세상을 떠나 먹지 못하지만, 자신의 손자를 비롯한 다음 세대들을 위해 땀을 비 오듯이 쏟으며 나무를 심습니다. 이 노인이 나무를 심는 행위는 '사랑'입니다. 자신의 사랑을 담아 정성껏 나무를 심는 것은 참으로 아

름답고 헌신적인 행위입니다. 이런 행동은 마음이 맑고 세상을 보는
눈이 선하지 않으면 할 수 없는 일입니다.

　이를 노자의 관점에서 본다면,《도덕경》제51장의 '고도생지 덕축
지 장지육지 정지독지 양지복지 생이불유 위이불시 장이부재故道生之
德畜之 長之育之 亭之毒之 養之覆之 生而不有 爲而不恃 長而不宰'라고 할 수 있
습니다. '도는 만물을 낳고, 덕은 만물을 길러주며, 자라게 하고 길러
주며, 보살펴주고, 덮어준다. 낳으나 소유하지 않고, 이루고도 기대
려 하지 않으며, 기르나 지배하려 하지 않는다.'라는 말과 같다 하겠
습니다.

> "군자는 마음의 수양이 되어
> 항상 그 마음이 넓고 넓은 하늘과 같아 온화한 태가 나지만,
> 소인은 마음의 수양이 안 되어
> 항상 마음이 안정되지 않아 초조한 태가 보인다."

　이는《논어論語》에 나오는 말로 여기서 군자란 수양을 쌓은 자로
서 높은 학문과 덕을 지닌 자입니다. 그런 까닭에 도를 터득한 자일
수도 있고, 도를 터득하기 위해 힘써 행하는 자라고 할 수 있습니
다. 그래서 이런 사람은 남을 대할 때 온유한 마음으로 대하되 도
덕에 어긋난 일을 하지 않습니다. 또한 타인을 배려할 줄 아는 넓은
도량을 갖고 있어 타인을 위해 자신을 헌신하는 것을 마다하지 않
습니다.

그러나 소인은 마음의 수양이 안 된 자로 덕이 부족하여 타인에 대한 배려가 부족하고, 예의를 벗어난 행위도 아무렇지도 않게 행함으로써 비난을 받곤 하지요.

도를 터득한다는 것은 마음의 수양을 쌓고, 그것을 실천함으로써 얻게 되는 고귀한 품성을 갖추는 일입니다. 노자의 말대로 도를 터득하여 성인이 된다는 것은 매우 힘든 일입니다. 하지만 도를 터득하기 위한 깨달음의 공부는 성인이 안 되더라도 매우 품격 높은 인격을 갖추는 일입니다. 그런 까닭에 도를 터득하기 위한 노력은 매우 큰 의미를 지닌다고 하겠습니다.

05

무슨 일이든 억지로 함을 삼가라

억지로 함이 없이 하고 일이 없는 것을 일로 삼고 맛없는 것을 맛으로 삼는다.

작은 것을 크게 여기고 적은 것을 많게 여기고 원한을 덕으로 갚는다.

어려운 일은 쉬울 때 해야 하고, 큰일을 하려면 그것이 작을 때 해야 한다.

세상에서 제일 어려운 일도 쉬운 일에서 일어나고,

세상에서 제일 큰일도 작은 일에서 일어난다.

그런 까닭에 성인은 끝내 위대하다고 여기지 않기에 위대함을 이루는 것이다.

무릇 가볍게 승낙하게 되면 반드시 믿음이 부족하고,

너무 쉽다고 생각하는 일에는 반드시 어려움이 따르게 된다.

그런 까닭에 성인은 그 일을 어렵게 여기기에

끝내는 어려운 일이 없게 되는 것이다.

*

爲無爲 事無事 味無味 大小多少 報怨以德 圖難於其易 爲大於其細

天下難事 必作於易 天下大事 必作於細 是以聖人終不爲大

故能成其大 夫輕諾必寡信 多易必多難 是以聖人猶難之 故終無難矣

위무위 사무사 미무미 대소다소 보원이덕 도난어기이 위대어기세

천하난사 필작어이 천하대사 필작어세 시이성인종불위대

고능성기대 부경낙필과신 다이필다난 시이성인유난지 고종무난의

억지로 함을 삼가라

'억지로 하다'라는 말은 '물리적으로, 인위적으로, 무리수를 두어, 강제적으로 실행함'을 이르는 말입니다. 이는 순리를 거스르는 매우 부정적인 의미를 담고 있는 말이기도 합니다. 그런 까닭에 그 무슨 일도 억지로 하면 반드시 탈이 나기 마련입니다.

노자는《도덕경》여러 곳에서 억지로 함이 옳지 못하다는 것을 누누이 강조함을 알 수 있습니다. 이는 인위를 따르는 일이기 때문입니다. 인위는 순리를 거스르는 일이기에 잘못되는 일이 많은 까닭입니다. 이를 살펴보는 것만으로도 삶을 살아가면서, 그 무슨 일도 억지로 하는 일이 없어야 한다는 것을 알게 될 것입니다.

첫째, 노자는《도덕경》제2장에서 '성인처무위지사 행불언지교 만물작언이불사 생이불유 위이불시 공성이불거 부유불거 시이불거聖人處無爲之事 行不言之敎 萬物作焉而不辭 生而不有 爲而不恃 功成而弗居 夫唯弗居 是以不去'라고 말했습니다.

이는 '성인은 억지로 일을 처리하고 않고 말없이 가르침을 행한다. 모든 일이 생겨나도 말하지 않고, 생겨나게 하고도 소유하지 않는다. 무엇을 해도 드러내지 않으며, 공을 세우고도 거기에 기대지 않는다. 머물고자 하지 않으므로, 이룬 일이 허사로 돌아가지 않는다.'는 뜻입니다.

이는 무엇을 말하는 걸까요? 그러니까 성인은 억지로 일을 꾸며 처리하지 않고, 말없이 실천함으로써 그것을 깨우치게 한다는 것입니다. 그래서 일이 생겨도 말하지 않고, 일을 생겨나게 하고도 그것을 가지려고 하지 않으며, 그 어떤 일을 해도 드러내지 않고, 공을 이루고도 그 공에 대한 대가를 바라지 않는다는 것입니다. 그런 것에 자신의 생각을 두지 않으니, 이룬 일이 헛되이 되지 않는다고 말합니다. 그렇습니다. 이 모든 것은 억지로 일을 하지 않는데, 그 이유가 있는 것입니다. 억지로 하지 않으면 모든 일이 순조롭게 이루어진다는 것을 잘 아는 까닭이지요. 그러기 때문에 억지로 하지 않는 것입니다.

둘째, 노자는 《도덕경》 제3장에서 '위무위 즉무불치爲無爲 則無不治'라고 했습니다. 이는 '억지로 함이 없으면 다스리지 못하는 것이 없다.'는 뜻입니다. 그러니까 억지로 하지 않고, 무위를 따르게 되면 그것은 순리를 따르는 것이기에 모든 것을 자연스럽게 다스릴 수 있는 것입니다. 이를 보더라도 억지로 하면 안 되는 것입니다. 그런 까닭에 억지로 하는 것을 삼가야 합니다.

셋째, 노자는 《도덕경》 제37장에서 '도상무위이무불위道常無爲而無不爲'라고 말했습니다. 이는 '도는 언제나 억지로 일을 하지 않는다. 그러나 못하는 일이 없다.'는 뜻입니다.

이는 무엇을 말하는 걸까요? 그러니까 도는 무위하는 까닭에 억지로 하지 않지만, 못하는 것이 없는 존재인 것입니다. 이는 역설逆說

적인 것으로 모든 것을 할 수 있는 존재이기에 억지로 하지 않는다는 것입니다. 그렇습니다. 모든 것을 할 수 있는 까닭에 억지로 할 필요가 없는 것이지요.

넷째, 노자는 《도덕경》 제47장에서 '시이성인불행이지 불견이명 무위이성是以聖人不行而知 不見而名 無爲而成'이라고 말했습니다. 이는 '그러므로 성인은 돌아다니지 않고도 알고, 보지 않고도 훤하고, 억지로 하는 일 없이도 모든 것을 이룬다.'는 뜻입니다. 그러니까 성인은 가만히 앉아서도 모든 것을 훤히 꿰뚫고, 보지 않는 데도 모든 것에 밝으며, 억지로 하지 않기 때문에 모든 것을 성사시킨다는 것입니다.

왜 그럴까요? 성인이 그렇게 할 수 있는 것은 도를 터득했기 때문이지요. 도를 터득하게 되면 모든 것에 능통하게 되는 까닭입니다. 억지로 한다는 것은 도를 터득하지 못했기 때문입니다. 그러기 때문에 도를 터득하기 위한 노력이 필요하고, 억지로 하는 것을 삼가야 하는 것입니다.

다섯째, 노자는 《도덕경》 제48장에서 '손지우손 이지어무위 무위이무불위 취천하 상이무사 급기유사 부족이취천하損之又損 以至於無爲 無爲而無不爲 取天下 常以無事 及其有事 不足以取天下'라고 말했습니다. 이는 '덜어지고 또 덜어져 억지로 함이 없는 지경에 이르니, 억지로 하지 않으면 못 하는 일이 없다. 세상을 다스리려면 언제나 억지로 하는 일거리를 없애야 한다. 억지로 일을 꾸미면 세상을 다스리기에는 부족하다.'는 뜻입니다. 그러니까 없애고 또 없애면 억지로 하지 않게 되니, 억지로 하지 않으면 못하는 것이 없다는 것입니다.

이는 무엇을 말하는 걸까요? 못하는 것이 없는데 억지로 할 필요가 없다는 말입니다. 그리고 세상을 다스리려면 억지로 하는 일을 없애야 한다는 것입니다, 억지로 일을 꾸미게 되면 세상을 다스리기에 부족하기 때문입니다. 억지로 하는데 어떻게 무변광대無邊廣大한 세상을 다스릴 수 있겠는지요. 그런 까닭에 억지로 하는 일을 삼가야 하는 것입니다.

여섯째, 노자는《도덕경》제64장에서 '위자패지 집자실지爲者敗之 執者失之'라고 말했습니다. 이는 '억지로 하는 자 실패하고 집착하는 자 잃게 된다.'는 뜻입니다. 옳은 말입니다. 억지로 해서 잘되는 것을 보기 힘듭니다. 그것은 순리를 따르는 일이 아니기 때문입니다. 그리고 잡착하게 되면 사람을 잃게 됩니다. 집착은 상대를 힘들게 하기 때문입니다. 그런 까닭에 억지로 하거나 집착을 삼가야 하는 것입니다.

삶을 살아가면서 억지로 하면 안 되는 이유에 대해 여섯 가지 관점에서 살펴보았습니다. 억지로 한다는 것은 순리에서 벗어나는 일이기 때문에 무리가 따르게 되고, 그로인해 잘 안 되는 것입니다. 그것이 무엇이든 자신이 하는 일이 잘되게 하기 위해서는 억지로 하는 것을 삼가야 합니다. 노자는 이를 누누이 강조했는 바, 그것이 온당하지 못하다는 것을 일깨우기 위해서인 것입니다.

인생 50대면 세상을 어느 정도는 알 나이입니다. 그런데도 50대들 중엔 깊이 생각하지 않고 일을 벌이는 사람들을 종종 보게 됩니다. 그래서 이런 사람들은 노자가 말한 대로 억지로 하는 일이 없도록 신중에 신중을 기해야 합니다. 그래야 잘못되는 일로부터 자신을 지킬 수 있음을 깊이 새겨야 하겠습니다.

어려운 일을 막아내는 지혜

◇◇◇

억지로 함이 없이 하고, 일이 없는 것을 일로 삼고, 맛없는 것을 맛으로 삼는다.

작은 것을 크게 여기고, 적은 것을 많게 여기고 원한을 덕으로 갚는다.

어려운 일은 쉬울 때 해야 하고, 큰일을 하려면 그것이 작을 때 해야 한다.

세상에서 제일 어려운 일도 쉬운 일에서 일어나고,

세상에서 제일 큰일도 작은 일에서 일어난다.

그런 까닭에 성인은 끝내 위대하다고 여기지 않기에 위대함을 이루는 것이다.

무릇 가볍게 승낙 하게 되면 반드시 믿음이 부족하고,

너무 쉽다고 생각하는 일에는 반드시 어려움이 따르게 된다.

그런 까닭에 성인은 그 일을 어렵게 여기기에

끝내는 어려운 일이 없게 되는 것이다.

爲無爲 事無事 味無味 大小多少 報怨以德 圖難於其易 爲大於其細

天下難事 必作於易 天下大事 必作於細 是以聖人終 不爲大

故能成其大 夫輕諾必寡信 多易必多難 是以聖人猶難之 故終無難矣

위무위 사무사 미무미 대소다소 보원이덕 도난어기이 위대어기세

천하난사 필작어이 천하대사 필작어세 시이성인종불위대

고능성기대 부경낙필과신 다이필다난 시이성인유난지 고종무난의

이는 노자의 《도덕경》 제63장에 나오는 내용으로, 억지로 하지 않음으로 해서 어려운 일을 없애는 지혜를 말합니다. 인생을 살아가면서 이런 지혜를 안다는 것은 삶을 좀 더 자연스럽고 유익하게 살아가는 데 큰 도움이 될 것입니다. 이를 분석해 설명함으로써 이해하는데 도움으로 삼고자 합니다.

첫째, 억지로 함이 없이 하고, 일이 없는 것을 일로 삼고, 맛없는 것을 맛으로 삼는다는 것은, 무위함으로써 순리를 따르고, 일이 없는 것처럼 일을 하고, 맛이 없는 것처럼 맛을 삼으라는 말이지요. 그렇게 하면 무슨 일이든 순리에 맞게 하게 됨으로써 삶에 유익함을 얻게 되기 때문이지요.

둘째, 작은 것을 크게 여기고, 적은 것을 많게 여기고, 원한을 덕으로 갚는다는 것은 작지만 크게 여김으로써 큰 것으로 삼고, 적은

것을 많게 여김으로써 많은 것으로 삼고, 원한을 덕으로 갚으면 그 모든 것은 덕이 되지요. 그런 까닭에 그렇게 할 수 있다면 삶을 이롭게 하는 생산적인 일이라는 것입니다. 그래서 그렇게 살아야 한다는 것입니다.

셋째, 어려운 일은 쉬울 때 해야 하고, 큰일을 하려면 그것이 작을 때 해야 한다는 것입니다. 세상에서 제일 어려운 일도 쉬운 일에서 일어나고, 세상에서 제일 큰일도 작은 일에서 일어나기 때문이지요. 그런 까닭에 성인은 끝내 위대하다고 여기지 않기에 위대함을 이룬다는 것입니다.

이는 무엇을 말하는 걸까요? 그러니까 어려운 일은 쉬울 때 해야 힘들이지 않게 하게 되고, 큰일은 그것이 작을 때 해야 쉽게 할 수 있게 됩니다. 세상에서 제일 어려운 일도 쉬운 일에서 일어나고, 세상에서 제일 큰일도 작은 일에서 일어나기 때문이지요. 그래서 성인은 자신을 위대하다고 여기지 않음으로써 위대함을 이루는 것입니다. 이는 역설적인 의미로 위대함을 이루었기 때문에 성인인 것이지요.

왜 그럴까요? 성인은 만물에 능통한 까닭에 스스로를 위대하다 하지 않아도 이미 위대함을 이룬 존재이기 때문입니다. 그런 까닭에 위대하다고 하지 않아도 이미 위대함을 이룬 존재인 것입니다.

넷째, 무릇 가볍게 승낙하게 되면 반드시 믿음이 부족하고, 너무 쉽다고 생각하는 일에는 반드시 어려움이 따르게 된다는 것입니다. 그런 까닭에 성인은 그 일을 어렵게 여기기에 끝내는 어려운 일이 없게 되는 것이라고 말합니다. 그러니까 무슨 일이든 심사숙고하지 않고 가볍게 승낙하게 되면, 성의가 없어 보이는 까닭에 믿음을 주지 못한다는 것입니다. 그리고 너무 쉽다고 여기게 되면 이 또한 대충대충 하려는 마음이 작용하는 까닭에 반드시 어려움을 겪게 된다는 것입니다.

매우 지당한 말이 아닐 수 없습니다. 사람들 중에는 무슨 부탁을 받게 되면 생각 없이 알았다고 했다가 나중엔 못하겠다고 말하거나 발뺌을 하는 이들을 볼 수 있습니다. 그리고 매사를 진중하게 생각하지 않고 쉽게만 생각하는 이들이 있습니다. 이런 부류의 사람들과는 한두 번은 모르겠지만 믿음이 안 가 다음부터는 상종을 하지 않으려고 하지요.

그런데 성인은 그렇지 않기에 믿음을 주고, 어떤 일도 어렵게 여김으로써 즉 심사숙고하여 처리함으로써 어려운 일을 없게 하는 것입니다.

노자가 말하는 억지로 하지 않음으로 해서 어려운 일을 없애는 지혜에 대해 네 가지 관점에서 살펴보았습니다. 이처럼 억지로 한다는 것은 인위를 따르는 것이기에 무리가 생기기도 하고, 그로인해 잘못되는 경우가 많습니다. 그런 까닭에 무위를 따라야 하는 것입니다. 무위를 따라서 잘못되어지는 경우는 없으니까요. 그렇습니다. 살아가면서 어떤 일을 하거나, 어떤 일과 맞닥뜨리게 되면 억지로 하려고 하지 말고, 심사숙고하되 순리에 맞게 해야 하겠습니다. 그것은 곧 자신이 하는 일을 스스로 돕는 지혜로운 일이니까요.

억지로 하는 것은 스스로를 패배자로 전락시킨다

프랑스의 영웅 나폴레옹 보나파르트의 조카인 나폴레옹 3세는 절세 미인으로 소문난 유게니와 결혼했습니다. 예나 지금이나 미인을 얻은 남자는 마치 능력이 있어 보이지요. 나폴레옹 3세 역시 이런 생각에 빠져 있었습니다.

그런데 그의 환상은 오래지 않아 깨지고 말았습니다. 나폴레옹 3세 아내는 무슨 일이든 자기 생각이 미치면 억지로라도 해야 직성이 풀렸습니다. 거기다 잔소리꾼이며 바가지 긁기가 이만저만이 아니었습니다.

"아니, 당신은 무슨 남자가 그래요?"

"그게 무슨 말이오?"

"당신은 어쩌면 내 마음을 그렇게 몰라요. 어떨 땐 내가 사람이 아닌 목석하고 사는 것 같다니까."

유게니는 남편이 조금이라도 자신의 뜻에 맞지 않으면, 사람이 있든 없든 자신이 하고 싶은 대로 말하고 행동하며 억지를 부려댔습니다. 그런데다가 더 한 것은 자신은 남편이 자신의 뜻대로 해주길 바라면서 자신은 남편의 말을 도통 귀담아 듣지 않는 제멋대로의 여자였습니다. 그러다보니 아무리 나폴레옹 3세라 할지라고 견뎌낼 재간이 없었습니다. 특히 그녀가 억지를 부려대며 무언가를 할 땐 참을 수 없는 분노를 느꼈습니다. 그녀는 아름다웠으나 마음씨가 아주 고약했던 것입니다. 참다못한 나폴레옹 3세는 유게니와 헤어질 결심을 했습니다. 결심을 굳힌 나폴레옹 3세는 경직된 표정으로 유게니에게 말했습니다.

"우리 서로 갈라섭시다."

남편의 뜻밖의 말에 유게니는 놀라서 말했습니다.

"그게 무슨 말이에요? 난 그럴 수 없어요."

"아니요. 난 이미 결심했어요. 당신이 아무리 아니라고 해도 내 마음은 이미 당신을 떠났어요."

나폴레옹 3세는 단호하게 말했습니다. 남편의 확고한 결심에 유게니는 그의 마음을 돌이키려 했으나 이미 때 늦은 뒤였습니다. 결국 둘은 갈라서고 말았습니다. 유게니는 심한 잔소리에다 나폴레옹 3세의 말을 귀담아 듣지 않았습니다. 또 자신의 뜻에 맞으면 억지로라도 해야만 직성이 풀리는 여자였습니다. 하지만 그것이 남편과 주변사람들에게 얼마나 큰 고통이 되는지는 몰랐던 것입니다.

그들의 불행한 결혼생활은 유게니가 자초한 것입니다. 유게니는 순리라는 걸 모르는 여자였습니다. 그러다 보니 해서 안 되는 일도 억지로 함으로써 문제를 일으켰고, 왕후가 될 수 있는 기회를 놓치고 결국은 스스로 인생의 패배자가 되었던 것입니다.

유게니의 일화를 노자의 관점에서 보면, 《도덕경》제64장의 '위자패지 집자실지 爲者敗之 執者失之'라고 할 수 있습니다, 이는 '억지로 하는 자 실패하고 집착하는 자 잃게 된다.'는 뜻입니다. 그렇습니다. 유게니처럼 상대방의 입장은 생각하지 않고 억지로라도 자신의 뜻을 관철시키려고 한다면 반드시 문제를 일으키게 됩니다. 부부문제든, 부모자식 간의 문제든, 직장동료와의 문제든, 친구와의 문제든, 사업의 문제든 그 어떤 것일지라도 예외는 없습니다. 순리를 따르지 않고 인위를 따르는 까닭입니다.

◇◇◇

그러므로 성인이 말한다.

내가 억지로 일을 하지 않으니 백성이 저절로 바뀌고,

내가 고요를 좋아하니 백성이 저절로 올바르게 되고,

내가 일을 꾸미지 않으니 백성이 저절로 부유해지고,

내가 욕심을 내지 않으니 백성이 저절로 꾸밈이 없어진다.

故聖人云 我無爲而民自化 我好靜而民自正 我無事而民自富 我無欲而民自樸

고성인운 아무위이민자화 아호정이민자정 아무사이민자부 아무욕이민자박

이는 노자의 《도덕경》 제57장에 나오는 말로, 억지로 해서 안 되는 것에 대해 성인이 당부하여 이르는 말입니다. 한 마디로 말하면

억지로 하지 않으면 모든 것이 자연스럽고 순탄하게 돌아간다는 말입니다. 그런 까닭에 억지로 하는 일을 삼가야 하는 것입니다. 삶을 살아가면서 힘들고 어려운 일이 있더라도 무리를 하거나 억지로 하지 말아야 합니다. 그것이 화근이 되어 인생에 큰 오류를 남기게 될 수 있기 때문입니다. 이를 각별히 유념해야 하겠습니다.

06

스스로를 낮추고
자신을 뒤에다 두는 미덕

강과 바다가 모든 골짜기의 왕이 될 수 있는 것은
스스로 낮추기를 잘하기 때문이다.
그러기에 모든 골짜기의 왕이 될 수 있는 것이다.
그래서 성인은 백성 위에 있고자 하면 반드시 낮추는 말을 해야 하고,
백성들 앞에 서려면 반드시 자신을 그들보다 뒤에 두어야 한다.
그런 까닭에 성인은 위에 있어도 백성이 부담스러워 하지 않고,
앞에 있어도 백성이 그를 해롭게 여기지 않는다.
그러기에 세상 모든 사람이 그를 즐거이 추대하고 싫어하지 않는 것이다.
그는 다투지 않기에 세상에서 아무도 그와 다툴 수 없다.

*

江海所以能爲百谷王者 以基善下之 故能爲百谷王
是以聖人 欲上民 必以言下之 欲先民 必以身後之
是以聖人處上而民不重 處前而民不害
是以天下樂推而不厭 以其不爭 故天下莫能與之爭
강해소이능위백곡왕자 이기선하지 고능위백곡왕
시이성인 욕상민 필이언하지 욕선민 필이신후지
시이성인처상이민부중 처전이민불해
시이천하락추이불염 이기부쟁 고천하막능여지쟁

스스로를 낮춘다는 것의 의미

"몸가짐을 늘 조심해서 예의에 어긋난 행동을 삼가라.

그런 까닭에 사람은 늘 보고, 듣고, 말하고,

움직이는 것이 모두 다 예의에 맞아야 한다."

이는 율곡 이이가 한 말로 인간관계에서 예의에 맞게 행동하는 것의 중요성에 대해 잘 알게 합니다. 인간관계에 있어 상대방이 어떤 사람이라는 것을 가장 쉽게 알 수 있는 것은, 그 사람이 어떤 자세를 취하느냐에 달려 있습니다. 인사성이 밝다든다, 언행에 각별히 신경을 쓴다든가 하는 것 등을 보면 그 사람이 어떤 사람일 것이라는 것이 확연히 드러납니다. 특히, 스스로를 낮춰 사람을 대하는 사람에게 더더욱 호감을 느끼게 됩니다. 그런 사람은 성품이 어질고 반듯한 마음을 가진 사람이라는 생각이 들기 때문이지요. 그런 까닭에 자신을 낮출 줄 아는 사람에게는 적이 없습니다.

일찍이 공자는 '인자무적仁者無敵'이라고 말했습니다. 이는 '어진 사람에게는 적이 없다.'는 뜻으로, 어진 사람은 기본적으로 성품이 온유하고 남과 적을 지는 것에 있어 매우 조심스러워 하는 특성이 있습니다. 그래서 이런 사람은 말 한 마디 행동 하나하나에도 각별히 조심하기에 적을 지는 일이 생기지 않는 것입니다. 그런 까닭에 성품이 어진 사람은 어디를 가던 그 주변에는 늘 사람이 따르지요.

노자는《도덕경》제66장에서 스스로를 낮추는 것에 대해 여러 가지 예를 들어 말하고 있습니다. 이를 세 가지 관점에서 살펴보도록 하겠습니다.

첫째, 노자는 '강해소이능위백곡왕자 이기선하지 고능위백곡왕 江海所以能爲百谷王者 以基善下之 故能爲百谷王'이라고 말했습니다. 이는 '강과 바다가 모든 골짜기의 왕이 될 수 있는 것은 스스로 낮추기를 잘 하기 때문이다. 그런 까닭에 모든 골짜기의 왕이 될 수 있는 것이다.'라는 뜻입니다.

이는 무엇을 말하는 걸까요? 그러니까 골짜기를 흐르는 물은 시냇물로 흘러들고, 시냇물은 강으로 흘러들고, 강은 모든 시냇물을 품어 안고 바다로 흘러듭니다. 여기서 강과 바다는 계곡을 흐르는 세상의 모든 골짜기 물을 비롯해 온갖 시냇물을 하나로 품어주는데, 이는 곧 강과 바다가 스스로를 낮추는 까닭이라는 노자의 말은 설득력을 지닌다고 하겠습니다. 사람으로 치면 모든 것을 품을 줄 아는 아량과 어진 성품을 가진 것과 같기 때문이니까요.

둘째, 노자는 '시이성인 욕상민 필이언하지 욕선민 필이신후지 시이성인처상이민부중 처전이민불해是以聖人 欲上民 必以言下之 欲先民 必以身後之 是以聖人處上而民不重 處前而民不害'라고 말했습니다. 이는 '그래서 성인이 백성 위에 있고자 하면 반드시 낮추는 말을 해야 하고, 백성들 앞에 서려면 반드시 자신을 그들보다 뒤에 두어야한다. 그런 까닭에 성인은 위에 있어도 백성이 부담스러워 하지 않고, 앞에 있어도 백성이 그를 해롭게 여기지 않는다.'는 뜻입니다.

이는 무엇을 말하는 걸까요? 그러니까 여기서 성인은 임금을 지칭하는 말로 백성에게 존중받는 임금이 되기 위해서는 백성을 먼저 생각하고 자신을 낮추고, 백성 뒤에 자신을 둘 줄 알아야 한다고 말합니다. 그래야 임금이 백성 위에 있어도 부담스러워 하지 않고, 앞에 있어도 백성이 해롭게 여기지 않는다는 것입니다.

이는 사람이라면 그 누구에게나 해당 되는 말이지요. 자신을 낮추고 상대를 자신의 앞에 두고, 자신을 상대의 뒤에 두면 그 누가 그런 사람을 싫어하겠는지요. 이는 인간관계에 있어서 마땅히 지녀야 할 바람직한 자세인 것입니다.

셋째, 노자는 '시이천하락추이불염 이기부쟁 고천하막능여지쟁 是以天下樂推而不厭 以其不爭 故天下莫能與之爭'이라고 말했습니다. 이는 '그러기에 세상 모든 사람이 그를 즐거이 추대하고 싫어하지 않는 것이다. 그는 다투지 않기에 세상에서 아무도 그와 다툴 수 없다.'는 뜻입니다.

이는 무엇을 말하는 걸까요? 그러니까 임금은 자신을 낮출 줄 아는 겸손함으로 인해 백성들은 그를 즐거운 마음으로 추대하고 좋아한다는 것입니다. 그리고 그는 다툼을 싫어하기 때문에 세상에 있는 그 어느 누구도 그와 다투지 않는다는 것입니다. 이 모두는 그가 어진 성품을 지니고, 도를 터득한 까닭이지요.

노자의《도덕경》제66장을 세 가지 관점에서 살펴본 바, 이를 함축해서 말한다면 스스로를 낮출 줄 아는 사람은 그 누구도 그를 부담스러워하지 않고, 그와 함께하기를 바란다는 것을 알 수 있습니다. 이 모두는 그가 훌륭한 인품을 지녔기 때문이지요. 그렇습니다. 인간관계에 있어 사람들과 좋은 관계를 맺고 싶다면, 스스로를 낮추는 겸손함과 상대를 높여줄 줄 아는 도량을 지녀야 합니다. 그것은 곧 자신에게 유익이 되고, 사람들로부터 높임을 받는 일이기 때문입니다.

스스로를 낮추고 자신을 뒤에 두는 미덕

노자는《도덕경》여러 곳에서 스스로를 낮추고, 자신을 뒤에 두고, 겸허한 마음가짐으로 무위를 따르는 것에 대해 말합니다. 이는 삶을 살아가는 데 있어 매우 중요한 인간관계의 핵심 요소이기 때문입니다. 사람은 자신보다 잘나고, 난사람을 동경하면서도 실제에 있어서는, 그와 함께하는 것에 대해서는 거리를 둡니다. 그와 함께하는 것에 대해 자신이 없기 때문입니다.

그러나 상대가 누구라 할지라도 그와 함께 좋은 관계를 맺음으로써 아름다운 인간관계를 이어갈 수 있습니다. 이를 노자의 관점에서 몇 가지 살펴보도록 하겠습니다.

첫째, 노자는 《도덕경》 제7장에서 '시이성인후기신이신선 외기신이신존 비이기무사사 고능성기사是以聖人後其身而身先 外其身而身存 非以其無私邪 故能成其私'라고 말했습니다.

이는 '그런 까닭에 성인은 자신을 뒤에 두고도 자신이 앞서고, 자신을 내버려두고서도 자신이 보존 되는 것이다. 그것은 사사로운 욕심이 없는 까닭이다. 그러기에 자신을 성취할 수 있는 것이다.'라는 뜻입니다. 그러니까 성인이 자신을 뒤에 두고도 앞서고, 자신을 내버려두고서도 보존 되는 것은 자신을 낮추고, 상대를 자신보다 앞에 두는 까닭입니다. 이런 겸허한 자세가 스스로를 높여줌으로써 사람들부터 좋은 평가를 받게 되는 것입니다.

"무릇 자기를 높이는 자는 낮아지고
자신을 낮추는 자는 높아지리라 하시니라."

이는 신약성경 누가복음18장 14절에 나오는 말씀으로, 겸허한 몸가짐에 대해 말합니다. 사람은 누구나 겸손한 사람에게 마음이 쏠리고, 그와 함께하기를 원합니다. 그런 사람과 인간관계를 맺으면 자신이 살아가는 데 도움이 된다고 믿기 때문입니다. 그런 까닭에 사람들과 좋은 인간관계를 맺고 싶다면, 스스로를 낮추고 자신을 뒤에 두는 겸허한 자세를 가져야 하겠습니다.

둘째, 노자는 《도덕경》 제8장에서 '상선약수 수선리만물이부쟁 처중인지소악 고기어도 거선지 심선연 여선인 언선신 정선치 사선능동선시 부유부쟁 고무우上善若水 水善利萬物而不爭 處衆人之所惡 故幾於道 居善地 心善淵 與善仁 言善信 正善治 事善能 動善時 夫唯不爭 故無尤'라고 말했습니다.

이는 '가장 훌륭한 것은 물과 같다. 물은 온갖 것을 이롭게 할 뿐 그것들과 다투지 않고, 모두가 싫어한 곳에 처하므로 도에 가깝다. 거하는 곳으로는 땅을 최고로 여기고, 마음가짐으로는 연못을 최고로 여기고, 선한 사람과 함께 행하며, 믿음직한 말을 최고로 여기며, 바르게 하는 데 있어서는 다스리는 것을 최고로 하며, 일을 함에 있어서는 능력을 최고로 여기며, 행동함에 있어서는 때에 맞음을 최고로 여기며, 다투는 일이 없으니 나무람을 받을 일도 없다.'는 뜻입니다.

물을 한번 보세요. 물은 사람에게도 동물에게도 식물에게도 없어서는 안 되는 귀한 존재입니다. 물이 없으면 그 무엇도 살아남지 못합니다. 물은 이 세상 만물을 이롭게 하면서도 그 무엇과도 다투지 않으며, 낮은 곳으로 흘러가는 겸손함을 지녔습니다. 그런 까닭에 노자는 물을 일러 도에 가깝다, 라고 한 것입니다. 물은 무위를 따르는 대표적인 자연입니다. 그런 까닭에 물은 상선약수上善若水라는 일컬음을 받는 것입니다.

셋째, 노자는 《도덕경》 제39장에서 '고귀이천위본 고이하위기 시이후왕자위고과불곡 차비이천위본사비호故貴以賤爲本 高以下爲基 是以

後王自謂孤寡不穀 此非以賤爲本邪非乎'라고 말했습니다.

이는 '그러므로 귀한 것은 천한 것을 근본으로 삼고, 높은 것은 낮은 것을 바탕으로 한다. 그런 까닭에 후왕은 스스로를 외로운 사람, 덕이 부족한 사람, 선하지 않은 사람이라 부르나니, 이것은 천한 것을 근본으로 삼은 까닭이 아니겠는가?'라는 뜻입니다.

이는 무엇을 말하는 걸까요? 그러니까 귀한 것은 천한 것을 통해 귀히 여김을 받게 되고, 높은 것은 낮은 것을 통해 높임을 받게 되는 것입니다. 그리고 후왕은 스스로를 외로운 사람, 덕이 부족한 사람, 선하지 않은 사람이라 부르니, 이것은 천한 것을 근본으로 삼은 까닭이 아니겠는가, 라고 노자는 되묻습니다.

옳은 말입니다. 만일 후왕이 자신을 외로움을 모르고, 덕이 높고 선하다고 한다면 그는 사람들로부터 비난을 받게 될 것입니다. 교만하고 겸허함을 모르는 까닭이지요. 그런 까닭에 스스로를 낮춰 사람을 대해야 하는 것입니다.

넷째, 노자는 《도덕경》 제61장에서 '대국자하류 천하지교 천하지빈 빈상이정승모 이정위하 고대국이하소국 즉취소국 소국이하대국 즉취대국 고혹하이취 혹하이취 대국불과욕겸축인 소국불과욕입사인 부량자각득기소욕 대자의위하 大國者下流 天下之交 天下之牝 牝常以靜勝牡 以靜爲下 故大國以下小國 則取小國 小國以下大國 則取大國 故或下以取 或下而取 大國不過欲兼畜人 小國不過欲入事人 夫兩者各得其所欲 大者宜爲下'라고 말했습니다.

이는 '큰 나라는 낮은 곳으로 흐르니, 온세상이 만나는 곳이며, 세상의 여성이 된다. 여성은 언제나 그 고요함으로 남성을 이기는 바 고요히 스스로를 낮추기 때문이다. 그러므로 큰 나라가 작은 나라에 낮춤으로써 작은 나라를 얻고, 작은 나라가 큰 나라에 낮추면 큰 나라를 얻는다. 그러므로 어떤 나라는 낮춰서 얻기도 하고, 또 어떤 나라가 낮춰서 얻기도 하나니, 큰 나라는 오로지 사람을 잘 길러 주려는 것이며, 작은 나라가 오로지 들어가 사람들을 섬기려고 하는 것이다. 큰 나라 작은 나라가 저마다 바라는 것을 얻으려면, 스스로를 낮추어야 할 것이다.'라는 뜻입니다.

이 말에서 보듯 큰 나라는 낮은 곳으로 흐르는 바, 그 곳은 세상이 만나는 곳이라는 걸 알 수 있습니다. 그리고 큰 나라는 작은 나라에 자신을 낮춤으로써 작은 나라를 얻게 되고, 작은 나라가 큰 나라에 낮추면 큰 나라를 얻게 된다는 것입니다. 그리고 큰 나라든 작은 나라든 저마다 바라는 것을 얻기 위해서는 스스로를 낮추어야 한다는 것을 알 수 있습니다.

이에 대해 혹자는 스스로를 낮추는 것은 비굴한 짓이라고 생각할지도 모릅니다. 하지만 그것은 잘못된 생각입니다. 스스로를 낮추는 것은 자신을 비굴하게 하는 것이 아니라, 자신을 이롭게 하는 것입니다. 그 누구도 자신을 낮추는 사람을 함부로 여기지 않기 때문입니다. 오히려 그를 예의바르고 성품이 반듯한 사람으로 여깁니다. 그렇습니다. 자신이 사람들과의 관계를 잘하기 위해서는 먼저 스스로를 낮춰 겸허히 해야 합니다. 그러면 많은 사람들로부터 좋은 평가를 받음으로써, 행복하고 아름다운 인간관계를 이어가게 될 것입니다.

낮춤으로써 새롭게 거듭나다

독실한 신자인 부모로부터 경건한 삶을 보고 자란 존 D. 록펠러는 자연스럽게 경건한 삶을 인생철학으로 삼았습니다. 그는 강한 의지와 굳은 신념으로 가난한 삶을 극복하려고 노력하였습니다. 고등학교를 마친 그는 휴이트 앤 터틀이란 곡물회사의 경리로 입사하여 성실한 자세로 열심히 일했습니다.

이후 록펠러는 20살의 나이에 동료인 모리스 클라크와 함께 '클리크 앤 록펠러'라는 회사를 설립하고 생필품과 음식을 판매했습니다. 그는 성실한 자세로 일에 전념하였고, 고객을 가족처럼 대하며 신뢰를 쌓았습니다. 그로 인해 그는 많은 돈을 벌었고 이어 석유를 판매하였습니다.

남북전쟁이 일어나 군수물자의 운송이 필요했고 클리블랜드 인근 타이터스빌에서 유전이 발견되자 석유산업은 순풍에 돛을 단것처럼 급성장을 하였습니다. 록펠러는 이에 발 빠르게 대처하여 사업을 확장하였는데 그의 예상대로 석유사업은 날로 번창하였습니다. 이일로 엄청난 돈을 벌게 되었고 1870년 그의 나이 31살 때 자본금 100만 달러로 '스탠더드 오일'을 창업하였습니다. 그의 사업은 나날이 번창하였지만, 그가 만든 철도와 석유사업자 간의 '카르텔'에 가입하기를 반대하는 사업자는 가차 없이 퇴출시키는 전략을 통해 미국 석유시장의 95%를 장악하는 독점자본가가 되었습니다. 사람들은 그를 '당대에 가장 혐오스러운 인물'로 비판하였습니다.

록펠러의 횡포를 막기 위해 '독점금지법'이 생기게 되었고, 1911년 미국 연방법원은 끝내 스탠더드오일이 해체할 것을 명령하였습니다. 그 후 석유독점기업은 34개의 회사로 분할되었습니다. 독실한 기독교신자로서 철저한 경건주의를 지향하던 록펠러는 사업을 하면서 초심을 잃고, 탐욕스러운 마음에 빠져 사회로부터 지탄받는 사람이 되었습니다. 그는 교만했으며, 돈이면 다라는 생각으로 사람들을 함부로 대했던 것입니다.

그러던 어느 날 그가 새롭게 거듭나는 일이 발생했습니다. 그가 병에 걸린 것입니다. 의사는 그에게 마음의 준비를 하라고 했을 만큼 심각했습니다. 록펠러는 자신의 지난 날을 생각하니 허망하고 씁쓸했습니다. 자신이 초심을 잃고 많은 사람들로부터 지탄을 받았다고 생각하니 그저 부끄러울 따름이었습니다. 죽음 앞에 놓이자 돈도 명예도 아무 것도 아니었던 것입니다.

그런데 마침 어떤 소녀가 돈이 없어 수술을 받을 수 없다는 소식을 듣고는 수술비를 대주어 수술을 받게 했습니다. 수술을 받고 건강을 되찾은 소녀를 보자 마음 저 깊은 곳에서 알 수 없는 기쁨이 솟아올랐습니다. 그는 자신의 돈을 사회에 환원하기로 하고, 록펠러 재단을 만들어 사회에 환원하였습니다. 또한 그는 학교를 짓고, 도서관을 짓는 등 많은 노력을 했습니다. 록펠러는 자선사업을 하며 보람

된 삶을 살았습니다. 그가 즐겁게 생활하자 의사로부터 사망선고를 받았던 그는 백수白壽를 누리며 영화로운 삶을 살았습니다.

록펠러의 일화를 노자의 관점에서 보자면, '시이성인 욕상민 필이 언하지 욕선민 필이신후지 시이성인처상이민부중 처전이민불해 시 이천하락추이불염 이기부쟁 고천하막능여지쟁是以聖人 欲上民 必以言下 之 欲先民 必以身後之 是以聖人處上而民不重 處前而民不害 是以天下樂推而不厭 以 其不爭 故天下莫能與之爭'이라고 할 수 있습니다.

이는 '그래서 성인은 백성위에 있고자 하면 반드시 낮추는 말을 해야 하고, 백성들 앞에 서려면 반드시 자신을 그들보다 뒤에 두어 야한다. 그런 까닭에 성인은 위에 있어도 백성이 부담스러워 하지 않고, 앞에 있어도 백성이 그를 해롭게 여기지 않는다. 그러기에 세 상 모든 사람이 그를 즐거이 추대하고 싫어하지 않는 것이다. 그는 다투지 않기에 세상에서 아무도 그와 다툴 수 없다.'는 뜻입니다.

록펠러가 새로운 인생으로 거듭난 것은 수전노인 그가 자신을 낮 추고, 자신을 사람들 뒤에 두었기 때문입니다. 그로인해 독점자본가 라는 불명예스러운 오명을 벗고, 그는 많은 사람들로부터 찬사와 존 경을 받는 인물이 되었던 것입니다.

"마음은 겸손하고 허탈하게 가져야 한다.

마음이 겸손하고 허탈하면 의리가 들어와 자리 잡는다.

마음속에 의리義理라는 것이 들어와 자리를 잡게 되면,

자연 그 마음속에 허욕虛慾이라는 것이 들어가지 못한다.”

    이는《채근담採根譚》에 나오는 말로 왜 마음을 겸손히 해야 하는
지를 잘 알게 합니다. 그것은 '허욕' 즉 헛된 욕망으로부터 자신을
지켜낼 수 있기 때문입니다. 그런 까닭에 스스로를 낮추고 남보다
자신을 뒤에 두는 도량을 지님으로써 거듭나는 삶을 살아야 하는 것
입니다.

07

진실은 아름답게 꾸미지 않는다

믿음직스러운 말은 아름답지 않고, 아름다운 말은 믿음이 없다.
선한 사람은 말을 잘하지 못하고, 말을 잘하는 사람은 선하지 않다.
지혜로운 사람은 박식하지 않고, 박식한 사람은 지혜롭지 못하다.
성인은 쌓아 두지 않으며, 사람들을 위해 뭐든지 함으로써
자신이 더욱 많이 가지게 되고, 사람들을 위해 모두를 주었지만
그럴수록 자신이 더욱 많아지게 된다.
하늘의 도는 이롭게만 할 뿐 해를 끼치지 않고,
성인의 도는 일을 하면서도 싸우지 않는다.

*

信言不美 美言不信 善者不辯 辯者不善 知者不博 博者不知 聖人不積
旣以爲人 己愈有 旣以與人 己愈多 天之道 利而不害 聖人之道 爲而不爭
신언불미 미언불신 선자불변 변자불선 지자불박 박자부지 성인부적
기이위인 기유유 기이여인 기유다 천지도 이이불해 성인지도 위이부쟁

믿음직스러운 말은 아름답지 않다

노자는 무슨 일이든 억지로 하는 것을 경계하였습니다. 억지로 하는 것은 자연스럽지 못하고 도에서 벗어나는 일이라고 주장하였습니다. 노자는 《도덕경》 제81장에서 '신언불미 미언불신信言不美 美言不信'이라고 말했습니다. 이는 '믿음직스러운 말은 아름답지 않고, 아름다운 말은 믿음이 없다.'는 뜻입니다.

그런데 '믿음직스러운 말은 아름답지 않고, 아름다운 말은 믿음이 없다.'라는 노자의 말을 보면 모순이 있다는 생각이 들 겁니다. 믿음직스러운 말은 아름답지 않고, 아름다운 말이 믿음이 없다니? 이게 대체 무슨 말이지? 이런 생각이 드는 것은 당연하니까요.

보편적인 관점에서 본다면, 믿음직스러운 말은 신뢰를 주기에 부족함이 없고, 그러기에 당연히 아름답다고 할 수 있지요. 그런 까닭에 아름다운 말에 믿음이 가는 건 당연합니다. 하지만 노자는 이를 반대로 말하니, 모순이 있다는 생각이 드는 것은 당연한 것입니다.

그렇다면 노자가 이리 말한 까닭은 무엇일까요? 믿음직스럽게 말을 하다보면, 상대방에게 잘 보이기 위해 없는 말도 하게 되고 상대방이 듣기 좋게 미사여구를 쓰는 등 말을 꾸미게 되지요. 노자는 이를 인위人爲로 보는 것입니다. 그런 까닭에 남에게 믿음을 주고 잘 보이기 위해 꾸며 쓰는 말은 아름답지 않으며, 그러기 때문에 아름다운 말 또한 믿음이 가지 않는다고 하는 것입니다.

사람들 중에는 있는 말 없는 말 다 동원해서 상대방의 환심을 사려는 사람들이 있습니다. 그들의 말은 마치 참기름을 바른 듯 매끄러우면서도 달콤한 솜사탕 같아 상대방의 마음을 빼앗아 버리지요.

그런데 문제는 그렇게 해서 상대방의 마음을 산 후 그들이 하는 행동을 보면 말과는 거리가 먼 것을 종종 보게 됩니다. 말과 행동이 일치가 되지 않는 것입니다. 그저 자신의 목적을 위해 그렇게 했다는 것이 그대로 드러나는 것입니다. 그러니 이런 말을 어떻게 믿음이 간다고 말할 수 있으며 아름답다고 할 수 있을까요? 상대방에게 믿음을 주고 환심을 사기 위해 그럴 듯하게 꾸며 하는 말은 말이 아니라 사기詐欺입니다. 이런 말은 자신의 음흉한 속내를 감추고 목적을 위한 수단에 불과한 것입니다.

'남의 환심을 사기 위해 교묘하게 꾸며서 하는 말과 아첨하는 얼굴빛.'

이는 교언영색巧言令色을 이르는 말로 이런 말은 남의 환심을 사기 위한 수단으로 하는 말로써 아주 그럴듯하지요. 이런 말을 듣는 사람은 그에게 마음을 빼앗겨 처음엔 믿게 되지만, 결국엔 그 말이 거짓된 말이라는 걸 알고는 후회를 하게 되지요.

"옳은 말을 옳게 한다고 다 옳은 말이 안 될 때가 있다.

그래서 옳지 않게 들을 수 있는 많은 사람들에게 자랑삼아 하는 옳은 말이란 실상은 그른 말보다 더 큰 화근을 가져오는 수가 있다."

이는 중국 후한의 유학자 왕부가 지은 《잠부론潛夫論》에 나오는 말로, 옳은 말도 때에 따라서는 화근이 될 수 있다는 것을 잘 알게 합니다. 그것은 옳은 말을 옳지 않게 들을 수 있는 사람들에게 자랑삼아 하는 말은 오히려 독이 될 수 있기 때문이지요. 그런 까닭에 자신을 드러내기 위해 자랑삼아 하는 옳은 말도 문제를 불러일으키게 되는 것입니다.

교언영색이나 《잠부론》에서 이르는 말처럼 상대에게 환심을 사기 위해 하거나, 자랑삼아 하는 말은 믿음직할지는 몰라도 인위가 가해진 것으로 아름답다고 할 수 없으며, 믿음이 있다고 말할 수 없는 것입니다. 진정으로 믿음직스러운 말은 꾸미거나 자신을 드러내기 위해서 하는 말이 아닌, 있는 그대로를 사실대로 하는 말입니다. 이런 말은 거짓이 없기에 아름답고 믿음직스러운 말이라고 할 수 있습니다.

다시 말하지만, 노자가 '믿음직스러운 말은 아름답지 않고, 아름다운 말은 믿음이 없다.'고 한 말은 인위를 가해서 하는 말인 까닭에 진정성이 없다는 것입니다. 그러니 어찌 믿음직스럽고 아름답다 할 수 있을까요? 그렇습니다. 진실로 이르되 믿음직스러운 말은 다소 투박하고, 화려하지 않아도 정직한 마음이 담긴 거짓 없는 말입니다. 노자가 바라는 말은 바로 이런 말인 것입니다.

진실은 아름답게 꾸미지 않는다

|

진실이란 '거짓이 없는 사실, 마음에 거짓이 없고 순수하고 바름, 참되고 변하지 않는 영원한 진리를 방편으로 하여 베푸는 교의敎義에 상대하여 이르는 것'을 말합니다. 이처럼 진실이란 '참됨'을 이르는 말입니다. 노자는 《도덕경》 곳곳에 진실함에 대해 말합니다. 이를 몇 가지 관점에서 살펴보도록 하겠습니다.

첫째, 노자는 《도덕경》 제22장에서 '시이성인포일위천하식 부자견고명 부자시고창 부자벌고유공 부자긍고장是以聖人抱一爲天下式 不自見故明 不自是故彰 不自伐故有功 不自矜故長'이라고 말했습니다.

이는 '그런 까닭에 성인은 '하나'를 품어 천하의 본보기가 된다. 스스로를 드러내려 하지 않으므로 밝게 빛나고, 스스로 옳다 하지 않기에 돋보이고, 스스로 자랑하지 않기에 그 공을 인정받게 되고, 스스로 뽐내지 않기에 오래간다.'는 뜻입니다.

이 말에서 보면 성인은 하나를 품어 세상에 본보기가 된다고 했는데, 그 하나는 '도'를 말함입니다. 도는 진리이며 진실의 근본이며 핵심이며 주체입니다. 성인은 도를 품고 그것을 터득한 자이므로 스스로를 드러내려 애쓰지 않습니다. 그런 까닭에 밝게 빛나는 것입니다.

또한 자신을 옳다고 하지 않습니다. 이미 그는 옳은 자이기 때문입니다. 그래서 스스로를 돋보이게 하고, 자신을 자랑하거나 뽐내지 않습니다. 그것은 도를 터득한 자의 행실이 아닌 까닭입니다. 그런 까닭에 그는 공을 인정받고 오래가는 것입니다. 성인이 취한 이 모든 것을 한마디로 함축하여 말한다면 '진실'이라고 할 수 있습니다. 이렇듯 진실은 드러내지 않아도 드러나는 법이니까요.

둘째, 노자는 《도덕경》 제49장에서 '취천하 상무이사 급기유사 부족이취천하取天下 常以無事 及基有事 不足以取天下'라고 말했습니다.

이는 '천하를 취하려면 언제나 일을 꾸미지 말아야 한다. 일이 있으면 천하를 자기 것으로 취하기에 부족하다.'는 뜻입니다.

이 말에서 보면 천하 즉 세상을 얻으려면 언제나 일을 꾸며서는 안 된다는 걸 알 수 있습니다. 꾸민다는 것은 곧 인위를 가하는 것이기에 그것은 노자의 관점에서 보면 진실이 아니기 때문입니다. 그런 까닭에 거짓 없이 있는 그대로를 통해 나아갈 때 세상을 얻는다는 것입니다. 이것이 '진실'이기 때문입니다.

셋째, 노자는 《도덕경》 제54장에서 '선건자불발 선포자불탈 자손이제사불철 수지어신 기덕내진 수지어가 기덕내여 수지어향 기덕내장 수지어국 기덕내풍 수지어천하 기덕내보 고이신관신 이가관가 이향관향 이국관국 이천하관천하善建者不拔 善抱者不脫 子孫以祭祀不輟 修之於身 其德乃眞 修之於家 其德乃餘 修之於鄉 其德乃長 修之於國 其德乃豊 修之於天下 其德乃普 故以身觀身 以家觀家 以鄉觀鄉 以國觀國 以天下觀天下'라고 말했습니다.

이는 '도를 잘 세운 사람은 뽑히지 않고, 도를 확실히 품은 사람은 떨어져 나가지 않는다. 그 자손은 대대로 제사를 그치지 않을 것이다. 도를 자신에게 실천하면 그 덕이 참될 것이고, 가정에서 실천하면 그 덕이 넉넉하게 될 것이고, 마을에서 실천하면 그 덕이 자라날 것이고, 나라에서 실천하면 그 덕이 풍성해질 것이고, 세상에서 실천하면 그 덕이 두루 퍼질 것이다. 그러므로 자신으로 자신을 보고, 가정으로 가정을 보고, 마을로 마을을 보고, 나라로 나라를 보고, 세상으로 세상을 보라.'는 뜻입니다.

이 말에서 보면 도를 잘 세운 사람은 뽑히지 않고, 도를 확실히 품은 사람은 떨어져 나가지 않는다고 말합니다. 왜 그럴까요? 도는 세우고 품었기 때문인데 이는 곧 도를 터득했다는 것입니다. 그런 까닭에 도를 실천하면 덕이 참됨으로써 자신도, 가정도, 마을도, 나라도, 세상도 모두 덕이 두루 퍼지게 된다고 말합니다. 온세상이 덕으로 쌓였으니, 어디를 가든 덕이 충만하니 그런 세상이야말로 얼마나 아름답고 덕스러울까요. 이런 세상이야 말로 진실이 넘치는 세상이지요.

넷째, 노자는 《도덕경》 제81장에서 '지자불박 박자부지 성인부적 기이위인 기유유 기이여인 기유다 천지도 이이불해 성인지도 위이 **부쟁**知者不博 博者不知 聖人不積 旣以爲人 己愈有 旣以與人 己愈多 天之道 利而 不害 聖人之道 爲而不爭'이라고 말했습니다.

이는 '지혜로운 사람은 박식하지 않고, 박식한 사람은 지혜롭지 못하다. 성인은 쌓아두지 않으며, 사람들을 위해 뭐든지 함으로써 자신이 더욱 많이 가지게 되고, 사람들을 위해 모두를 주었지만 그럴수록 자신이 더욱 많아지게 된다. 하늘의 도는 이롭게만 할 뿐 해를 끼치지 않고, 성인의 도는 일을 하면서도 싸우지 않는다.'는 뜻입니다.

이 말에서 보면 지혜로운 사람은 박식하지 않고, 박식한 사람은 지혜롭지 않다고 말합니다. 지혜로운 사람은 자신을 박식하다고 말하지 않은 까닭입니다. 그것은 자신을 드러내는 일이기에 옳지 않기 때문이지요. 그리고 성인은 무엇이든 쌓아두려고 하지 않습니다. 그것은 옳지 않다고 생각하기 때문입니다. 그런 까닭에 성인은 사람들을 위해 노력하고 그럼으로써 더 많이 갖게 되고, 자신이 가진 모든 것을 사람들에게 주지만 오히려 더 많이 갖게 되지요. 그리고 하늘의 도는 이롭게만 하고 해를 끼치지 않는 까닭에 성인의 도는 일을 하면서도 다투지 않는 것입니다. 왜 그럴까요? 그것이 진실이라는 것을 알기 때문입니다.

노자가 말하는 진실은 도에 있다는 것을 알 수 있습니다. 도를 품고 도를 실천하면 모든 것이 진실로 나타나게 되는 것이지요. 그렇습니다. 우리는 누구나 도를 터득하기 위해 노력할 수 있습니다.

그러나 그것은 엄청난 수행이 따르기에 도를 터득한다는 것은 수행자의 그것보다도 더 한층 노력이 따릅니다. 하지만 도를 터득하지 못할지라도, 진실한 삶을 살아가기에는 부족함이 없습니다. 노력만으로도 충분히 진실하게 살 수 있기 때문입니다.

진실은 아름답게 꾸미지 않습니다. 그것은 무위가 아닌 인위이기 때문입니다. 그런 까닭에 무위를 따르기 위해 노력하는 것만으로도 우리는 충분히 진실할 수 있는 것입니다.

진실을 온몸으로 보여 준 사람

남아프리카공화국의 민주주의 투사 넬슨 만델라. 그는 자유와 평화의 횃불로 화해와 용서의 철학을 정치에 적용시키며 세계인들의 존경을 한몸에 받았습니다. 그는 진정한 인류애가 무엇인지, 가치 있는 삶이 무엇인지를 온몸으로 보여 준 아프리카의 성자였습니다.

만델라의 삶에는 남아프리카공화국의 민주주의의 역사와 철학이 담겨 있습니다. 그가 목숨을 걸고 민주주의를 위해 헌신한 것은 소수 백인으로부터 탄압받는 동족의 자유와 평화를 위해서였습니다. 그는 흑인들의 인권을 위해 1942년 비트바테르스란트 대학에서 법률 학위를 받고, 동료인 올리버 탐보와 함께 변호사 사무실을 열고 본격적인 흑인인권운동을 시작했습니다. 당시 그가 변호사로서 할 수 있는 일은 제한되어 있었습니다. 길을 걸어도, 공공기관을 가도,

흑인들은 투명인간 같은 존재였습니다. 만델라는 흑인들이 백인들에게 멸시 당하는 것을 더는 묵과할 수 없었습니다.

1942년 그는 아프리카 민족회의에 참여하며 백인 정부를 향한 본격적인 저항의 움직임을 보였습니다. 그는 흑인해방운동의 선봉자로 나서서 백인의 국민당 정권의 극단적인 인종차별 정책인 아파르트헤이트 정책에 대항해 격렬한 논쟁을 벌이며 목숨을 걸고 싸웠습니다.

그의 저항에 백인들은 강하게 압박했고, 끝내는 반역죄로 몰려 투옥되고 말았습니다. 무죄를 주장한 끝에 가까스로 석방되었지만, 상황은 나아지지 않았습니다. 그는 운동의 노선을 수정하였습니다. 비폭력의 노선을 포기하고 정부를 향해 무장투쟁을 전개하였습니다.

경찰에 연행되고 징역형을 선고 받았지만 그의 의지는 꺾이지 않았습니다. 감옥에서 나온 그는 철통같은 감시를 뚫고 저항운동을 벌이며 백인 정부를 압박했습니다. 백인 정부는 눈엣가시인 만델라를 매장시키기 위해, 반정부 활동의 근거가 되는 것을 모조리 수집해, 1964년 그에게 종신형을 선고했습니다.

만델라는 27년 동안 감옥에 갇혀 고통의 세월을 보내면서도 조국의 민주주의와 흑인들의 인권을 회복시키는 것을 포기하지 않았습니다. 오랜 수형생활로 그의 몸은 병들어 만신창이가 되어갔습니다. 결핵증세가 나타나 입원치료를 받기도 했는데, 그 일을 계기로 흑인들에 대한 인종차별은 전 세계에 알려지게 되었습니다. 국제사회는 만델라의 투쟁을 위대한 성과로 인정하며, 그의 석방을 위해 남아프리카공화국 정부를 압박했고 마침내 정부는 1990년, 그를 석방하였습니다.

석방된 만델라는 아프리카 민족회의 부의장으로 선출되었고, 동료인 올리버 탐보의 뒤를 이어 의장에 선출되었습니다. 그는 데클레르크 총리와의 평화적이고 자주적인 협력관계를 통해 남아프리카공화국을 평온하고 자유로운 사회로 만든 공로를 인정받아 노벨평화상을 수상했습니다.

이듬해 실시한 대통령 선거에서 65퍼센트라는 압도적인 지지를 얻으며 마침내 그는 남아프리카공화국 최초의 흑인 대통령으로 당선되었습니다. 대통령이 된 그는 46년 동안이나 지속되었던 흑인인 종차별 정책을 종식시켰습니다. 그는 대통령직을 연임할 수 있었음에도 불구하고 자리에서 물러나 아프리카 국가들의 자유와 평화, 에이즈 퇴치를 위해 헌신하였습니다.

> "결코 넘어지지 않는 것이 아니라 넘어질 때마다 일어서는 것,
>
> 거기에 삶의 가장 큰 영광이 존재한다."

그는 자신의 말처럼 신념을 현실로 만들었습니다.

만델라가 지향했던 삶을 노자의 관점에서 본다면, '성인부적 기이위인 기유유 기이여인 기유다 천지도 이이불해 성인지도 위이부쟁

聖人不積 旣以爲人 己愈有 旣以與人 己愈多 天之道 利而不害 聖人之道 爲而不爭

'이라고 할 수 있습니다.

이는 '지혜로운 사람은 박식하지 않고, 박식한 사람은 지혜롭지 못하다. 성인은 쌓아 두지 않으며, 사람들을 위해 뭐든지 함으로써 자신이 더욱 많이 가지게 되고, 사람들을 위해 모두를 주었지만 그 럴수록 자신이 더욱 많아지게 된다. 하늘의 도는 이롭게만 할 뿐 해 를 끼치지 않고, 성인의 도는 일을 하면서도 싸우지 않는다.'는 뜻입 니다.

이는 마치 만델라를 두고 하는 말처럼 아주 절묘하다고 할 수 있 습니다. 진실은 언제나 옳습니다. 그랬기에 만델라는 그 모진 고통을 감내하면서도 진실의 옳음을 보여줌으로써 승리할 수 있었던 것입 니다.

군자행법이사명이기의 君子行法以俟命而已矣

이는 맹자가 한 말로 '군자는 천리天理에 당연한 법을 닦아서 자연 천명天命을 기다리는 외에는, 길흉화복을 염두에 두지 아니하고 올바 른 법을 지켜나간다. 그래서 천명의 순리를 어기지 않는다.'는 뜻입 니다. 그러니까 군자는 천리 즉 '천지자연의 이치'를 따르기 때문에 '천명' 즉 '하늘의 명령'을 따르지 길흉화복에 마음을 두지 않는 것입 니다. 그런 까닭에 올바른 법을 지키고, 그로인해 하늘의 명령인 순 리를 어기지 않는 것입니다.

맹자의 이 말은 무위를 따르라는 노자의 말에 기인하는 바, 올바른 법을 지켜나간다는 것은 곧 '진실'을 따라 행한다는 말입니다. 그렇습니다. 진실이란 언제나 거짓이 없는 '참된 마음'입니다. 그런 까닭에 인생을 살아가면서 반드시 자신을 진실되게 해야 하는 것입니다. 그래야 자신을 떳떳이 할 뿐 아니라, 참된 삶을 살아감으로써 자신을 행복하고 영화롭게 할 수 있는 것입니다.

진실을 근본삼아 늘 거듭나는 인생이 되어야 하겠습니다.

오십에 읽는 노자 도덕경

초판 1쇄 인쇄 2022년 8월 25일
초판 1쇄 발행 2022년 8월 30일

지은이 김옥림

펴낸이 박세현
펴낸곳 팬덤북스

기획 편집 김상희 곽병완
디자인 이새봄
마케팅 전창열

주소 (우)14557 경기도 부천시 조마루로 385번길 92 부천테크노밸리유1센터 1110호

전화 070-8821-4312 | **팩스** 02-6008-4318
이메일 fandombooks@naver.com
블로그 http://blog.naver.com/fandombooks

출판등록 2009년 7월 9일(제386-251002009000081호)

ISBN 979-11-6169-219-7 03320